Dr. Ulrich Möhrle

# Immobilien in der Nachfolgeplanung

## Immobilienvermögen rechtssicher und effektiv übertragen

**DATEV eG, 90329 Nürnberg (Verlag)**



Printed in Germany

DATEV-High Quality Print, 90329 Nürnberg (Druck)

Angaben ohne Gewähr

Stand: Januar 2024

DATEV-Artikelnummer: 35866/2024-01-01

E-Mail: literatur@service.datev.de

# Dr. Ulrich Möhrle

Partner, Rechtsanwalt, Steuerberater, Fachanwalt für Steuerrecht, Dipl.-Kfm.

Dr. Ulrich Möhrle, Jahrgang 1965, ist Partner in der multi disziplinären Kanzlei Möhrle Happ Luther. Als Rechtsanwalt und Steuerberater berät er schwerpunktmäßig Familienunternehmen in allen unternehmerischen Fragestellungen. Dabei betreut er seine Mandanten – Unternehmer, Eigentümer, Familien und Unternehmen – umfassend und begleitet sie in allen Phasen des Unternehmenszyklus, insbesondere bei der Unternehmens- und Vermögensnachfolgeplanung. Dazu gehören strategische und steuerliche Gestaltungsberatung, individuelle Nachfolgekonzepte, Testamentsvollstreckung sowie die Umsetzung von Familienstrategien und Corporate Governance Kodexen. Bei der Beratung legt Dr. Ulrich Möhrle großen Wert auf ein vertrauensvolles Miteinander und bezieht neben dem fachlichen Aspekt auch die individuellen Lebensumstände mit ein, um den für den Mandanten bestmöglichen Weg zu wählen.

Darüber hinaus ist Dr. Ulrich Möhrle als Redner, Referent und Autor aktiv und bringt seinen großen Erfahrungsschatz sowie seine Beratungspraxis in Fachvorträge und Publikationen ein. Daneben übernimmt er verschiedene Aufsichts- und Beiratstätigkeiten und engagiert sich in sozialen Projekten.

Möhrle Happ Luther ist mit 400 Mitarbeitern an den Standorten Hamburg, Berlin und Schwerin eine der führenden Kanzleien Norddeutschlands. Wirtschaftsprüfer, Steuerberater und Rechtsanwälte arbeiten hier fachübergreifend zusammen.

# Einführung

In der Nachfolgeplanung gewinnen Immobilien und Unternehmen mit Immobilienbesitz eine immer größere Bedeutung.

Der Zeitpunkt und die Einzelheiten der Übertragung von Immobilienvermögen werden durch zahlreiche steuerliche und außersteuerliche Aspekte bestimmt, die sowohl bei Übertragungen zu Lebzeiten als auch bei Übertragungen von Todes wegen zu berücksichtigen sind. Nicht zu vergessen sind Liquiditätsbelastungen wie mögliche Erbschaft- und Einkommensteuer, Pflichtteilsansprüche und Zugewinnausgleichsforderungen.

Die Übertragung von Immobilienvermögen ist ein komplexer Vorgang, bei dem es gilt, das Zivilrecht und das Steuerrecht optimal aufeinander abzustimmen. Nicht zuletzt aus steuerlichen Gründen sollte die Nachfolge frühzeitig geplant werden. Oftmals wird die konkrete Auseinandersetzung mit diesem Themenkomplex „aufgeschoben". Dies ist ein großer Fehler, gilt es doch rechtzeitig die Weichen zu stellen und so Familienvermögen langfristig zu sichern. Gerade bei umfangreichem Immobilienvermögen ist eine frühzeitige Auseinandersetzung mit diesem Thema unabdingbar. Das Erbschaftsteuer- und Schenkungsteuergesetz kennt für Immobilien unterschiedliche Steuerbegünstigungen. Diese unterscheiden sich danach, ob das Grundstück dem Privat- oder Betriebsvermögen zuzuordnen ist und bei der Zugehörigkeit zum Betriebsvermögen danach, ob dieses Grundstück zum Verwaltungsvermögen gehört oder nicht. Dabei umfassen die Regelungen über die Qualifikation von Grundstücken als Verwaltungsvermögen zahlreiche Ausnahmen, die es zu beachten gilt.

Dieses Fachbuch zeigt Ihnen praxisnah die wesentlichen Aspekte der Übertragung von Immobilienvermögen auf. Sowohl die schenkung- und erbschaftsteuerlichen Folgen der Übertragung von Immobilien wie auch die zivil- und erbrechtlichen Grundsätze und Voraussetzungen werden detailliert betrachtet. Abgerundet wird das Buch durch rechtliche und steuerrechtliche Gestaltungsüberlegungen und Gestaltungshinweise. So können zivil- und steuerrechtliche Regelungen sinnvoll genutzt werden, um Immobilienwerte rechtssicher und effektiv zu übertragen.

Wie immer gilt: Bei Fragen und für weitere Informationen wenden Sie sich bitte vertrauensvoll an Ihren Steuerberater und/oder ihren Rechtsanwalt.

Hamburg, im Januar 2024 Dr. Ulrich Möhrle

**Hinweis**

In dieser Publikation wird aus Gründen der besseren Lesbarkeit in der Regel das generische Maskulinum verwendet. Die verwendete Sprachform bezieht sich auf alle Menschen, hat ausschließlich redaktionelle Gründe und ist wertneutral.

# Der Inhalt im Überblick

# 1 Immobilien in der Vermögens- und Nachfolgeplanung – Kompakter Überblick

Immobilien und Unternehmen mit Immobilienbesitz spielen in der Nachfolgeplanung eine erhebliche Bedeutung, weil gerade vermögende Personen häufig über Eigentum an Immobilien verfügen. Dabei kann die Übertragung von Immobilien Teil der eigenen Vermögens- und Unternehmensnachfolge sein, sie muss es selbstverständlich nicht. Gerade dann, wenn ein umfangreiches Immobilienvermögen vorhanden ist, insbesondere in Gestalt eines Unternehmens, aber auch, wenn umfangreiches Privatvermögen vorhanden ist, ist eine frühzeitige Auseinandersetzung mit diesem Thema erforderlich. Dabei spielen natürlich auch die steuerlichen Aspekte der Immobiliennachfolge eine besondere Rolle.

## 1.1 Planung der Vermögens- und Unternehmensnachfolge

Die **eigene Vermögens- und Unternehmensnachfolge** erhält im Alltag nur selten die Bedeutung, welche dieser aufgrund ihrer Wichtigkeit für das Unternehmen und die Familie beigemessen werden sollte. Dabei wird in der Praxis nicht immer berücksichtigt, welche Auswirkungen eine fehlende Regelung der eigenen Nachfolge für die Fortsetzung des Unternehmens und den Bestand des Vermögens haben und sich zugleich sowohl in finanzieller als auch in emotionaler Hinsicht für die eigene Familie auswirken können. Daher sollte jedenfalls zu Lebzeiten das geregelt werden, was unbedingt notwendig ist und im Idealfall darüber hinaus dieser Thematik die Bedeutung beigemessen werden, die deren materiellen und ideellen Auswirkung auf Familie und Unternehmen entspricht.

Soweit **keine eigenbestimmte Nachlassplanung** vorgenommen wird, erfolgt die Nachlassregulierung ausschließlich im Wege der gesetzlichen Regelungen des Erbrechts. Als „Ultima Ratio" enthalten diese Regelungen ausschließlich schematische Anweisungen, welche naturgemäß nicht den Interessen der beteiligten Personen, den besonderen Lebenssituationen oder dem Gedanken der Vermögenserhaltung gerecht werden können. Dagegen sollte die eigene Nachlassplanung und -regelung genau diese berücksichtigen. Dabei sind spezielle Wünsche des Erblassers und die besonderen Notwendigkeiten der jeweiligen Lebenssituationen der beteiligten Personen zu berücksichtigen. Was wünschen sich die jeweiligen Personen? Für sich, ihr Unternehmen, ihre Familie. Wer soll Vermögen erhalten, wer gerade nicht? Wer soll/muss versorgt werden? Teil der Nachfolgeplanung können dabei aber auch stets **Vermögensübertragungen zu Lebzeiten** sein.

Dazu sollten die Folgen der Vermögensübertragungen einbezogen werden, weil Schenkungen und Erbfälle insbesondere Schenkung- bzw. Erbschaftsteuer auslösen können. In welcher Höhe würden durch die Schenkung/den Erbfall Steuerzahlungen anfallen und wie sollen diese finanziert werden? Sind die finanziellen Mittel vorhanden oder müsste dafür Vermögen veräußert werden? Aufgrund der möglichen Steuerbelastungen sind die Regelungen des Erbschaft- und Schenkungsteuerrechts für die Nachlassplanung von besonderer Bedeutung. Um eine erbschaft- und schenkungsteuerlich optimale Vermögens- und Nachfolgeplanung zu erreichen, ist eine persönliche Beratung durch einen Wirtschaftsprüfer, Steuerberater und/oder Rechtsanwalt anzuraten, die alle rechtlichen, wirtschaftlichen und steuerlichen Aspekte umfassen sollte.

## 1.2 Faktoren der Vermögens- und Nachfolgeplanung

In die Planung der eigenen Vermögensnachfolge sind zahlreiche Faktoren einzubeziehen, letztlich das gesamte familiäre und unternehmerische Umfeld. Dabei sind auch emotionale Faktoren von erheblicher Bedeutung. Auch kann die Überwindung emotionaler und psychologischer Barrieren eine große Bedeutung einnehmen, je nachdem wie die familiären Strukturen und auch die Historie der Familie bestimmt sind. Teilweise kann die Nachfolge eine Mediation zwischen allen Beteiligten notwendig machen.

## 1.3 Vorgehensweise

Die **Vermögensnachfolgeplanung** lässt sich in mehrere Schritte zerlegen: Nach der Zielformulierung, die auch unbedingt schriftlich fixiert werden sollte, erfolgt die Ermittlung und Bewertung des gesamten Vermögens sowie eine vollständige Erfassung aller persönlichen, familiären und gesellschaftsrechtlichen Verhältnisse. Gegebenenfalls ergeben sich aus dem Bewusstsein und der Dokumentation der vollständigen Verhältnisse Rückwirkungen auf die formulierten Ziele. Im Idealfall wird dieser Schritt mit der Erstellung eines sog. Notfallordners kombiniert, in welchem alle wesentlichen privaten und unternehmensbezogenen Daten/Angaben enthalten sind. In vielen Fällen dürfte die Erstellung zweier Ordner, d. h. getrennter Ordner für den privaten und unternehmerischen Bereich, zu empfehlen sein. Sinn und Zweck ist es, dass die Personen im Falle des Ablebens der Person alle relevanten Angaben und Informationen erhalten.

Aus den vorhandenen Informationen und Angaben sollten alle rechtlichen und steuerlichen Folgen abgeleitet werden, die entstehen, wenn der Erbfall eintreten würde. Dafür sind die gesellschaftsrechtlichen, familiären und erbrechtlichen Aspekte der Nachfolge zu berücksichtigen. Zugleich kann so der gesamte Finanzbedarf für den Erbfall simuliert werden. Aus dieser Simulationsrechnung ergeben sich die Informationen, die bei der Erarbeitung des Nachfolgekonzeptes einzubeziehen sind. Zugleich werden sich im Zuge dieser Zusammenstellung aller Aspekte auch die Maßnahmen zeigen, welche im Rahmen des gewünschten Nachfolgekonzept umgesetzt werden müssen, damit die formulierten Ziele bestmöglich erreicht werden können. Dafür werden i. d. R. eine Vielzahl an Maßnahmen nötig sein, wie z. B. konkrete Testaments- und Vertragsgestaltungen.

Das so entwickelte Nachfolgekonzept sollte im Zeitablauf regelmäßig auf seine Aktualität hin überprüft werden, weil sich sowohl die Vorstellungen und Wünsche der betroffenen Person, aber auch dessen familiäres Umfeld sowie die gesetzlichen und steuerlichen Rahmenbedingungen ändern.

In diese Nachfolgeplanung sind **zahlreiche Aspekte aus unterschiedlichen Disziplinen** einzubeziehen. Ziel ist es sowohl eine „ungeplante Nachfolge", d. h. den Notfall durch plötzliches Versterben durch einen entsprechenden Notfallplan zu regeln, als auch „eine geplante Nachfolge" einzuleiten. Bestandteil einer geplanten Nachfolge können dabei auch Übertragungen von Vermögen zu Lebzeiten sein, aber auch lediglich die Vorbereitung der Übertragung des Vermögens bei Tod z. B. durch Optimierung der Struktur des Vermögens. Bei diesen Überlegungen sind neben den persönlichen Wünschen, Zielen und Vorstellungen auch immer rechtliche und steuerliche Aspekte zu berücksichtigen.

Eine solche **Nachfolgeplanung** setzt dabei die Beantwortung **zahlreicher Fragen** voraus. Denn nur der Betroffene weiß, was er möchte, was er nicht möchte, wer zur Familie gehört, auf wen Vermögen übertragen werden soll, auf wen nicht, wer versorgt werden muss und wer nicht, nur er kennt i. d. R. sein gesamtes Vermögen, seine Wünsche und Vorstellungen. Eines der zentralen Themen der Vermögensnachfolgeplanung und auch Nachfolgeplanung ist wohl die Frage: **Wer soll das Vermögen erhalten? Wer ist ein geeigneter Nachfolger für das Unternehmen (soweit vorhanden)? Wer kommt dafür überhaupt in Betracht?** Soweit eine solche Person vorhanden ist, stellt sich natürlich die Frage: wie kann/soll die geplante Nachfolge umgesetzt werden? Was sagen die anderen erbberechtigten Personen dazu, wessen Versorgung muss bei Übertragung gesichert werden, ggf. ist es sogar die eigene Versorgung.

## 1.4 Übertragung von Immobilien: Wann und wie?

Immobilien und Anteile an Unternehmen mit Immobilien können, wie alle anderen Vermögensgegenstände auch, sowohl zu Lebzeiten als auch nach dem Tod des Eigentümers übertragen werden. Motive für eine lebzeitige Übertragung können z. B. sein die erste Übertragung von Vermögen auf die Kinder, um Verantwortung für Vermögen zu übernehmen, eine eigene Einkunftsquelle zu haben oder aber auch um die persönlichen Freibeträge bei der Erbschaft- und Schenkungsteuer nach § 16 ErbStG auszuschöpfen und erbrechtliche Streitigkeiten zu vermeiden. Weitere steuerliche Aspekte können auch in der Verteilung der Einkommensteuerbelastung auf mehrere Personen sein. In vielen Fällen wird dabei auch die Versorgung des Schenkers eine Rolle spielen, weshalb häufig die Übertragung von Vermögen unter Nießbrauchsvorbehalt erfolgt. Zugleich wird durch die Vereinbarung von solchen oder anderen Gegenleistungen die Bemessungsgrundlage der Schenkungsteuer reduziert. Weitere denkbare Vorbehalte sind dabei Wohnrechte, Renten und Pflegeleistungen. Der Zeitpunkt und die Einzelheiten der Übertragung von Immobilienvermögen wird also durch zahlreiche steuerliche und außersteuerliche Aspekte bestimmt, die sowohl bei Übertragungen zu Lebzeiten als auch bei Übertragungen von Todes wegen berücksichtigt werden sollten. Nicht zu vergessen sind Liquiditätsbelastungen wie mögliche Erbschaft- und Einkommensteuer, Pflichtteilsansprüche und Zugewinnausgleichsforderungen. Dabei sind auch Generationssprünge denkbar, d. h. das Vermögen nicht an die nächste, sondern die übernächste Generation (z. B. Enkelkinder) übertragen wird. Zu überlegen ist zudem insbesondere bei Übertragungen zu Lebzeiten, ob und inwieweit Widerrufsrechte vereinbart werden sollen.

# 2 Schenkung- und erbschaftsteuerliche Folgen der Übertragung von Immobilien

Die Übertragung von Immobilien oder Unternehmen mit Immobilien kann eine **Besteuerung mit Erbschaft- oder Schenkungsteuer** auslösen, soweit Immobilien **unentgeltlich** übertragen werden und die Voraussetzungen für eine **Erbschaft- bzw. Schenkungsteuerpflicht** erfüllt sind. Dies gilt unabhängig davon, ob die Immobilien **zum Privat- oder Betriebsvermögen gehören** oder diese zu Lebzeiten oder durch Erwerb von Todes wegen übertragen werden. Das deutsche Erbschaftsteuergesetz erfasst sowohl Schenkungen als auch Übertragungen von Todes wegen. Die steuerlichen Folgen der unentgeltlichen Übertragung von Immobilien spielen dabei eine bedeutende Rolle in der Nachfolgeplanung. Neben der Erbschaft-/Schenkungsteuer sollten dabei stets auch weitere Steuerbelastungen (Einkommen- und Grunderwerbsteuer) berücksichtigt werden. Denn sie bestimmen im Wesentlichen die finanziellen Auswirkungen, welche mit der Übertragung von Immobilien verbunden sind. Dabei sollte stets auch die Finanzierung dieser Steuern im Blick behalten werden.

Das Erbschaftsteuer- und Schenkungsteuergesetz erfasst im Grundsatz sowohl Übertragungen von Todes wegen als auch Schenkungen. Voraussetzung ist, dass für diese eine Steuerpflicht besteht. Insoweit wird zwischen der **unbeschränkten und beschränkten Erbschaftsteuerpflicht** unterschieden. Soweit eine Steuerpflicht im Inland besteht, muss der Wert der Vermögensübertragung durch eine Bewertung des übertragenen Vermögens (insbesondere der Immobilie oder des Unternehmens erfolgen, zu dessen Vermögen die Immobilie gehört) ermittelt werden. Anschließend ist zu prüfen, inwieweit eine **Steuerbefreiung** für diese Schenkung/Erwerb von Todes wegen in Betracht kommt; dabei ist zwischen den **sachlichen und persönlichen Steuerbefreiungen** zu unterscheiden. Soweit danach ein steuerpflichtiger Erwerb unter Berücksichtigung der sog. Nachlassverbindlichkeiten (bei Schenkungen die sog. Gegenleistungen) verbleibt, wird die Erbschaftsteuer (ggf. unter Berücksichtigung ausländischer Steuern) bzw. Schenkungsteuer festgesetzt.

**Beispiel**

A lebt zum Zeitpunkt seines Todes in Deutschland, Erbe ist sein Sohn B. Zum Nachlass gehören ein Grundstück und eine Beteiligung an einer gewerblichen KG. Der durch den Tod des A ausgelöste Erwerb von Todes wegen unterfällt im Inland der unbeschränkten Steuerpflicht. Dafür ist es ausreichend, wenn entweder der Erblasser oder der Erbe Inländer i. S. d. Erbschaftsteuergesetzes ist (hier der Verstorbene). Für die Ermittlung der Steuer ist eine Bewertung des Nachlasses (hier Grundstück, Beteiligung) notwendig. Soweit die Voraussetzungen vorliegen, kommt für die Beteiligung an der KG eine Steuerbefreiung nach §§ 13a, 13b ErbStG in Betracht. Zudem ist der sog. persönliche Freibetrag i. S. d. § 16 ErbStG zu berücksichtigen, sofern dieser (z. B. durch Schenkungen innerhalb der letzten zehn Jahre vor dem Todestag) noch nicht verbraucht wurde. Die Höhe der Steuer richtet sich nach der Höhe des steuerpflichtigen Erwerbs.

Neben der Erbschaftsteuer können durch den Tod auch andere Steuern verursacht werden, z. B. Grunderwerbsteuer oder Einkommensteuer, wenn durch den Tod des Unternehmers z. B. die Voraussetzungen für eine Betriebsaufspaltung nicht mehr vorliegen oder es zu einer Entstrickung kommt, weil das Grundstück aus dem Sonderbetriebsvermögen abgetrennt wird.

**Beispiel**

A ist alleiniger Gesellschafter der A-GmbH. Dieser überlässt er ein Grundstück zur Nutzung. Da die Voraussetzungen einer Betriebsaufspaltung erfüllt sind, gehören das Grundstück und die Beteiligung an der Kapitalgesellschaft zum Betriebsvermögen des A. In seinem Testament hat A bestimmt, dass das Grundstück auf seine Ehefrau, die Beteiligung an der GmbH auf seine Tochter übergeht. Verstirbt A, endet die Betriebsaufspaltung aufgrund dieser Regelung. Dadurch kommt es zu einer sog. Entstrickung, so dass die in dem Grundstück und der Beteiligung enthaltenen stillen Reserven aufzudecken und zu versteuern sind. Sofern solche stillen Reserven vorhanden sind, unterliegen dieser der Besteuerung mit Einkommensteuer. Es wird eine Betriebsaufgabe fingiert. Für die Übertragung des Grundstückes kommt keine Steuerbefreiung nach §§ 13a, 13b ErbStG in Betracht. Die Übertragung des Grundstückes würde also ohne sachliche Steuerbefreiung der Erbschaftsteuer unterliegen.

Darüber hinaus kann die Übertragung von Vermögen auch Grunderwerbsteuer auslösen. Jedoch sind Übertragungen, die unter das Erbschaftsteuer- bzw. Schenkungsteuergesetz fallen, von der Grunderwerbsteuer befreit. Im Zusammenhang mit Schenkungen/Erwerben von Todes wegen kann daher nur ausnahmsweise Grunderwerbsteuer entstehen.

### Gestaltungshinweis

Im Zusammenhang mit der Nachfolgeplanung und -absicherung sollte stets die **Erbschaftsteuer simuliert** werden, die bei Tod des Immobilienbesitzers/Unternehmers ausgelöst wird. Dafür ist es notwendig, dass das gesamte Vermögen erfasst und überschlägig bewertet wird. Für die Ermittlung der Steuer ist zu prüfen, inwieweit für das jeweilige Vermögen eine Steuerbefreiung nach den Regelungen des Erbschaftsteuergesetzes in Betracht kommt. Dabei sollte auch die **Finanzierung der Steuer** bedacht werden, da diese eine Veräußerung von Vermögen notwendig machen kann. Diese kann weitere Steuerbelastungen auslösen. Zudem sollte überlegt werden, welches Vermögen für eine „Versilberung" zur Verfügung steht. Darüber hinaus bietet die Höhe der Erbschaftsteuer einen guten Ausgangspunkt dafür, ob das Vermögen in erbschaftsteuerlicher Sicht optimiert werden sollte, damit die finanziellen Belastungen, die durch die Erbschaftsteuer drohen, minimiert werden können. In diese Überlegung sollte auch einbezogen werden, ob eine sog. **Erbengemeinschaft** entstehen würde. Einer solchen sind grundsätzlich die Einkünfte, welche aus dem Nachlass erzielt werden, zuzurechnen. Etwas anderes kann gelten, wenn diese zeitnah auseinandergesetzt wird. Hierbei ist zu beachten, dass der Erbfall und die Erbauseinandersetzung selbstständige Vorgänge sind. Der Erbfall ist auch auf Seiten des Erben aus steuerlicher Sicht ein unentgeltlicher, privater Vorgang. Das bedeutet, dass Schulden des Erblassers, Auflagen und Vermächtnisse keine Anschaffungskosten für die Übernahme des Erbes darstellen. Ein Verlustvortrag des Erblassers geht grundsätzlich nicht auf die Erben über. Eine Ausnahme gilt für Verluste, die einkunftsbezogen sind, wenn die Verluste den Erben wirtschaftlich belasten. Erbengemeinschaften können dabei insbesondere im Zusammenhang mit Immobilien zu praktischen Problemen während ihres Bestehens führen, wenn die Erben unterschiedliche Vorstellungen über die Nutzung der Immobilie, die Notwendigkeit von Renovierungen, die Verwendung der Gewinne etc. haben. Hier ist zu beachten, dass sich die Erben weitestgehend einig sein müssen, ansonsten droht Stillstand. Gegebenenfalls bietet sich die Anordnung einer **Testamentsvollstreckung** an. Für **Betriebsvermögen im Nachlass** gilt grundsätzlich die Buchwertfortführung. Dies gilt ebenso für Einnahmenüberschussrechner und auch bei Vorliegen eines negativen Kapitalkontos des Erblassers. Die Buchwertfortführung gilt natürlich genau dann nicht mehr, wenn es durch den Erbfall dem Erblasser zuzurechnenden Entnahmen gekommen ist. Korrespondierend zu der steuerlichen Behandlung beim Erblasser sind bei den Erben entgeltliche Anschaffungen zu berücksichtigen. Ist ein Einzelunternehmen Teil des Nachlasses oder folgen alle Erben in den Anteil einer Personengesellschaft nach, so werden alle Miterben Mitunternehmer. Die Erben können das Unternehmen/den Anteil fortführen oder liquidieren. Dementsprechend erhalten die Erben gemäß ihren Erbquoten laufende gewerbliche Einkünfte oder begünstigte Aufgabegewinne kraft eigener mitunternehmerischer Betätigung. Andere Einkünfte der Erbengemeinschaft, z. B. solche aus Vermietung und Verpachtung werden durch das Vorliegen gewerblicher Einkünfte nicht gewerblich infiziert.

## 2.1 Erbschaft- und Schenkungsteuerpflicht

Der **Erbschaftsteuerpflicht** unterliegen der Erwerb von Todes wegen, Schenkungen unter Lebenden, Zweckzuwendungen sowie unter bestimmten Voraussetzungen das Vermögen einer Stiftung (in Zeitabständen von je 30 Jahren, sog. Ersatzerbschaftsteuer). Ob und inwieweit diese Vorgänge der Erbschaft- bzw. Schenkungsteuer unterliegen, ist von den **persönlichen Verhältnissen** der Beteiligten und im Rahmen der sog. beschränkten Steuerpflicht von der Belegenheit des Vermögens abhängig.

Zu dem **Erwerb von Todes** wegen gehören insbesondere der Erwerb durch Erbanfall des jeweiligen Erben, durch Vermächtnis, aufgrund eines geltend gemachten Pflichtteilsanspruchs, durch Schenkung auf den Todesfall sowie jeder Vermögensvorteil, der aufgrund eines vom Erblasser geschlossenen Vertrages bei dessen Tod von einem Dritten unmittelbar erworben wird. Ein typisches Beispiel hierfür ist ein Lebensversicherungsvertrag auf das Leben des Erblassers, bei dem der Erbe als Begünstigter eingesetzt ist.

Zu den **Schenkungen** zählen freigebige Zuwendung unter Lebenden, soweit der Bedachte durch sie auf Kosten des Zuwendenden bereichert wird, aber auch das, was jemand infolge der Vollziehung einer von dem Schenker angeordneten Auflage oder infolge Erfüllung einer einem Rechtsgeschäft unter Lebenden beigefügten Bedingung ohne entsprechende Gegenleistung erlangt. Soweit der Begünstigte jedoch eine Gegenleistung leistet, liegt keine Schenkung vor.

**Beispiel**

Vater A überträgt auf seinen Sohn ein Grundstück mit einem Wert von 1 Mio. Euro. Er verpflichtet den Sohn, an seine Tochter eine Ausgleichszahlung i. H. v. 200.000 Euro zu zahlen. Damit hat der Vater seinem Sohn eine Schenkung zugewendet, die einen Wert von 800.000 Euro hat. Die weiteren 200.000 Euro hat er nicht freigebig erhalten. Zugleich liegt eine Schenkung von dem Vater an die Tochter i. H. v. 200.000 Euro vor.

Eine **unbeschränkte Erbschaftsteuerpflicht** liegt vor, wenn Erblasser (bzw. Schenker) **und/oder** Erbe (bzw. Beschenkte) zum Zeitpunkt der Steuerentstehung (i. d. R. der Todestag, Zeitpunkt der Ausführung der Schenkung) Inländer sind. Diese Voraussetzung ist insbesondere dann erfüllt, wenn natürliche Personen (sowohl deutsche als auch ausländische Staatsangehörige) im Inland einen Wohnsitz oder gewöhnlichen Aufenthalt haben. Entsprechendes gilt für deutsche Staatsangehörige, die sich nicht länger als fünf Jahre dauernd im Ausland aufgehalten haben, ohne im Inland einen Wohnsitz zu haben. Die unbeschränkte Erbschaftsteuerpflicht erfasst den gesamten Vermögensanfall, auf die Belegenheit des Vermögens im In- oder Ausland kommt es nicht an. Sollten diese Voraussetzungen nicht erfüllt sein, unterliegt der Vorgang der beschränkten Steuerpflicht, wenn Inlandsvermögen übertragen wird. Zu diesem Vermögen gehören insbesondere inländisches land- und forstwirtschaftliches Vermögen sowie inländischer Grundbesitz, nicht aber inländische Guthaben bei Banken. Eine Ausnahme gilt für deutsche Staatsangehörige, wenn die Voraussetzungen der sog. erweitert beschränkten Erbschaftsteuerpflicht erfüllt sind. Dann würde auch das Vermögen der **beschränkten Steuerpflicht** unterfallen, was bei unbeschränkter Steuerpflicht zum inländischen Vermögen gehören würde (z. B. die Konten bei inländischen Banken).

**Beispiel**

A wohnt im Inland. Die Schenkung des Grundstückes unterliegt im Inland der unbeschränkten Schenkungsteuerpflicht. Entsprechendes würde auch dann gelten, wenn nicht A, sondern ausschließlich sein Sohn im Inland wohnen würde. Sollten beide nicht die Voraussetzungen an eine unbeschränkte Steuerpflicht erfüllen, wäre die beschränkte Steuerpflicht gegeben, wenn ein inländisches Grundstück verschenkt würde.

**Hinweis**

Bei der Erbschaft- und Schenkungsteuer kann es dazu kommen, dass mehrere Staaten Besteuerungsansprüche geltend machen, z. B., wenn Erblasser und Erbe in unterschiedlichen Staaten ansässig sind und/oder das Vermögens in anderen Staaten als dem Wohnsitz belegen ist. In diesen Fällen droht eine Doppel- oder Mehrfachbesteuerung. Dabei gilt, dass Deutschland nur wenige Abkommen zur Vermeidung dieser Doppelbesteuerung mit anderen Staaten abgeschlossen hat. Soweit der Vorgang in Deutschland der unbeschränkten Erbschaftsteuer unterliegt, kommt eine Anrechnung der im Ausland gezahlten Steuer in Betracht. Gerade in Sachverhalten, in denen mehrere Staaten beteiligt sind, sind die Anzeigepflichten zu beachten, die hinsichtlich der Anzeige der Erwerbe gelten.

## 2.2 Bemessungsgrundlage

Bemessungsgrundlage der Erbschaft- und Schenkungsteuer ist der sog. **steuerpflichtige Erwerb**. Als solcher gilt die Bereicherung des Erwerbers, soweit sie nicht nach bestimmten Vorschriften steuerfrei ist. Von dem Erwerb sind bei Übertragungen von Todes wegen die Nachlassverbindlichkeiten abzugsfähig, soweit ein Abzug steuerlich möglich und nicht ausgeschlossen ist. Bei Schenkungen mindert sich der Wert des Vermögensanfalls um den Wert der Gegenleistungen. Vereinfacht wird der steuerpflichtige Erwerb wie folgt ermittelt:

| **Wert des Vermögensanfalles** |
|---|
| abzüglich Nachlassverbindlichkeiten |
| abzüglich sachliche Steuerbefreiungen |
| **= Bereicherung des Erwerbers** |
| abzüglich steuerfreier Zugewinnausgleich |
| zuzüglich hinzuzurechnende Vorerwerbe |
| abzüglich persönliche Freibeträge |
| **= steuerpflichtiger Erwerb** |

Der **Wert des Vermögensanfalls** wird anhand der gesetzlichen Bewertungsvorschriften bestimmt. Hierfür ist das übertragene Vermögen zu bewerten. Die Einzelheiten zur Bewertung regelt das Bewertungsgesetz. Dabei kann sich insbesondere die Bewertung von Unternehmen, Beteiligungen an Unternehmen und Grundbesitz als sehr aufwändig zeigen. Ziel der Bewertung ist die Ermittlung des gemeinen Werts des jeweiligen Gegenstands (Verkehrswert).

Zu den **Nachlassverbindlichkeiten** gehören insbesondere

- die Schulden des Erblassers (sog. Erblasserschulden), wie z. B. Steuerschulden, nicht bezahlte private Rechnungen.
- Schulden, die sich für den Erben aufgrund des Erbfalls ergeben (sog. Erbfallschulden), wie z. B. Auflagen, Vermächtnisse und geltend gemachte Pflichtteils- und Erbersatzansprüche.

- Übrige Schulden wie Bestattungskosten, Grabpflegekosten, Nachlassregelungs- und Erwerbskosten (Eröffnung des Testamentes, Kosten eines Testamentsvollstreckers, Kosten für die Erstellung der Erbschaftsteuererklärung).

Soweit Vermögen aufgrund von einer sog. sachlichen Steuerbefreiung steuerfrei übertragen werden kann, können die Nachlassverbindlichkeiten oder Gegenleistungen nicht steuerlich berücksichtigt werden. § 10 Abs. 6 ErbStG regelt dies umfassend. Zu beachten ist, dass diese Regelung durch das Jahressteuergesetz 2020 angepasst wurde. Nunmehr sind auch Verbindlichkeiten nur noch anteilig abzugsfähig, sofern diese nicht mit dem einzelnen Vermögenswert in Zusammenhang stehen, sondern mit dem gesamten Erwerb und dieser anteilig steuerfrei ist (wie z. B. Pflichtteile). Die Gesetzesänderung wurde als Reaktion auf die Rechtsprechung des Bundesfinanzhofes (BFH) vorgenommen. Ebenfalls nicht abzugsfähig sind die vom Erwerber zu entrichtende eigene Erbschaftsteuer sowie Auflagen, die dem Beschwerten selbst zugutekommen.

**Beispiel**

Auf die Ehegattin geht das Familienheim über. Da diese Übertragung steuerfrei möglich ist, kann die auf der Immobilie lastende Verbindlichkeit nicht steuerlich berücksichtigt werden.

## 2.3 Bewertung des übertragenen Vermögens (Schwerpunkt Immobilien)

Für die Ermittlung der Erbschaft- und Schenkungsteuer ist der Erwerb zu bewerten. Maßgebend sind die Verhältnisse zum Bewertungsstichtag (i. d. R. der Todestag, Tag der Ausführung der Schenkung, Geltendmachung des Pflichtteilsanspruchs). Die Bewertung richtet sich grundsätzlich nach den allgemeinen Bewertungsvorschriften. Sonderregelungen gelten für die Bewertung von Anteilen an Kapitalgesellschaften sowie die Bewertung von Grundvermögen und Betriebsvermögen. Soweit eine Immobilie des Privat- oder Betriebsvermögens übertragen wird, ist diese einzeln zu bewerten. Sollte die Immobilie zum Betriebsvermögen eines Unternehmens gehören und dieses Unternehmen oder ein Anteil daran übertragen werden, ist die Bewertung des gesamten Unternehmens notwendig. Darüber hinaus wären auch die Gegenleistungen zu bewerten, wie z. B. der Nießbrauch oder andere lebenslange, wiederkehrende Leistungen oder die übernommene Verbindlichkeit (Kapitalforderung/Kapitalschuld), um den steuerpflichtigen Erwerb ermitteln zu können.

**Beispiele**

A möchte seine private Immobilie gegen Nießbrauch/lebenslange Rente übertragen. Für die Ermittlung der Schenkungsteuer muss die Immobilie, aber auch der Nießbrauch/die lebenslange Rente bewertet werden.

A möchte sein Wohnungsunternehmen/Immobilienunternehmen auf seine Tochter übertragen. Hier ist die Bewertung des gesamten Unternehmens (Einzelunternehmen, Kapital- oder Personengesellschaft) notwendig. Dabei erfolgt die Bewertung des Unternehmens unter Berücksichtigung der Ertragsaussichten (i. d. R. Anwendung des vereinfachten Ertragswertverfahrens). Der Wert des Unternehmens entspricht jedoch mindestens dem Substanzwert des Unternehmens, wofür eine Bewertung der einzelnen Immobilien notwendig ist.

### 2.3.1 Allgemeine Bewertungsvorschriften

Im Grundsatz gilt, dass mit der Bewertung der sog. **gemeine Wert** ermittelt werden soll (auch Verkehrswert genannt). Dieser wird durch den Preis bestimmt, der im gewöhnlichen Geschäftsverkehr nach der Beschaffenheit des Wirtschaftsgutes bei einer Veräußerung zu erzielen wäre. Ungewöhnliche oder persönliche Verhältnisse sind dabei nicht zu berücksichtigen. Mit dem sog. Teilwert sind Wirtschaftsgüter zu bewerten, die einem Unternehmen dienen, soweit nicht etwas anderes vorgeschrieben ist. Teilwert ist der Betrag, den ein Erwerber des ganzen Unternehmens im Rahmen des Gesamtkaufpreises für das einzelne Wirtschaftsgut ansetzen würde. Dabei ist von einer Fortführung des Unternehmens auszugehen.

**Kapitalforderungen** (mit Ausnahme von Wertpapieren und besonderen Anteilen) und Schulden sind mit dem Nennwert anzusetzen, wenn nicht besondere Umstände einen höheren oder geringeren Wert begründen (wie z. B. fehlende, hohe oder niedrige Verzinsung). Nennwert ist der Betrag, den der Schuldner dem Gläubiger bei Fälligkeit zu zahlen hat. Ein vom Nennwert abweichender Wertansatz kommt, z. B. in Betracht, wenn Forderungen uneinbringlich sind. Diese bleiben dann außer Ansatz. Entsprechendes gilt, wenn diese zweifelhaft sind, dann sind diese nur mit dem wahrscheinlich eingehenden Betrag anzusetzen. Unverzinsliche Forderungen oder Schulden, deren Laufzeit mehr als ein Jahr beträgt und die zu einem bestimmten Zeitpunkt fällig sind, werden mit ihrem Gegenwartswert bei einer Abzinsung von 5,5 % angesetzt.

**Wiederkehrende Nutzungen und Leistungen** spielen im Erbschaft- und Schenkungsteuerrecht immer dann eine wichtige Rolle, wenn Vermögensgegenstände, z. B. gegen Leibrenten (Leistung) oder Nießbrauchvorbehalt (Nutzung), übertragen werden. Die Gegenleistungen sind mit dem Kapitalwert anzusetzen, der sich aus dem jeweiligen Jahreswert multipliziert mit einem bestimmten Vervielfältiger ergibt. Je nach Laufzeit der wiederkehrenden Nutzungen und Leistungen ist zu unterscheiden.

- Für Nutzungen und Leistungen für bestimmte Zeit ergibt sich der Kapitalwert aus dem Jahreswert multipliziert mit dem Vervielfältiger aus Anlage 9a zum BewG.
- Immerwährende Nutzungen und Leistungen sind mit dem 18,6-fachen des Jahreswertes anzusetzen.
- Bei einer unbestimmten Dauer der Nutzungen und Leistungen ist das 9,3-fache des Jahreswertes als Kapitalwert anzusetzen.
- Für die Bewertung von lebenslänglichen Nutzungen und Leistungen wird der Jahreswert mit dem Vervielfältiger multipliziert, der sich jeweils nach den aktuell durch das Statistische Bundesamt veröffentlichten Sterbetafeln richtet. Da der Vervielfältiger von der durchschnittlichen Lebenserwartung abhängig ist, können sich hier Härten ergeben, wenn die Leistung aufgrund eines sehr frühen Todes des Berechtigten über viel kürzere Zeit bestanden hat, als nach der statistischen Lebenserwartung anzunehmen war.

## 2.3.2 Bewertung von Anteilen an Kapital- und Personengesellschaften/betriebliches Vermögen

### 2.3.2.1 Überblick

**Nicht börsennotierte Aktien und GmbH-Anteile** sind mit dem gemeinen Wert anzusetzen. Dieser gemeine Wert soll in erster Linie aus Verkäufen abgeleitet werden, die innerhalb des letzten Jahres im gewöhnlichen Geschäftsverkehr erzielt worden sind. Ist eine Ableitung aus solchen Verkäufen nicht möglich, ist er unter Berücksichtigung der Ertragsaussichten oder einer anderen anerkannten, auch im gewöhnlichen Geschäftsverkehr üblichen Methode zu ermitteln. Hinsichtlich eines anzuwendenden Ermittlungsverfahrens verweist das Gesetz auf das „Vereinfachte Ertragswertverfahren". Dieses Bewertungsverfahren darf angewendet werden, wenn es nicht zu offensichtlich unzutreffenden Ergebnissen führt. Mindestwert ist jedoch der Substanzwert.

Diese Regelungen gelten für die Bewertung von **Betriebsvermögen von Gewerbebetrieben und freiberuflich Tätigen sowie von Anteilen an Gewerbebetrieben und Gesellschaften** bzw. Körperschaften entsprechend. Betriebsvermögen ist für Zwecke der Erbschaft- und Schenkungsteuer in entsprechender Anwendung anzusetzen. Dabei sind für den Bestand und die Bewertung von Betriebsvermögen die Verhältnisse zur Zeit der Entstehung der Steuer maßgebend. Zum Betriebsvermögen gehören damit alle Wirtschaftsgüter von Einzelunternehmen oder Personengesellschaften (OHG, KG) inklusive Sonderbetriebsvermögen, atypische stille Beteiligungen an Personen- und Kapitalgesellschaften sowie Freiberuflerpraxen. Zum Gewerbebetrieb solcher Gesellschaften gehört auch das Sonderbetriebsvermögen, das im Eigentum nur einzelner Gesellschafter steht.

### 2.3.2.2 Das vereinfachte Ertragswertverfahren

Das vereinfachte Ertragswertverfahren basiert auf dem Gedanken, dass sich der Wert eines Unternehmens aus dem nachhaltigen Ertrag ergibt, der nach finanzmathematischen Algorithmen in einen Barwert umgerechnet wird. Diesem Barwert werden der Wert des nicht betriebsnotwendigen Vermögens, Beteiligungen an anderen Unternehmen und junge Wirtschaftsgüter hinzugerechnet.

- Sofern Wirtschaftsgüter und damit im wirtschaftlichen Zusammenhang stehende Schulden aus dem Unternehmen herausgelöst werden können, ohne die eigentliche Unternehmenstätigkeit zu beeinträchtigen und **damit nicht betriebsnotwendig sind**, werden diese Wirtschaftsgüter und Schulden mit einem eigenständig zu ermittelnden gemeinen Wert angesetzt.
- Entsprechendes gilt für **Beteiligungen an anderen Unternehmen**. Deren Wert wird unabhängig von den tatsächlichen Ausschüttungen ermittelt, daher sind die mit diesen Beteiligungen zusammenhängenden Aufwendungen und Erträge bei der Ermittlung des nachhaltig erzielbaren Jahresertrages zu neutralisieren. Auf eine gesonderte Bewertung von Anteilen an anderen Gesellschaften kann jedoch verzichtet werden, wenn es sich um einen Fall von geringer Bedeutung handelt. Eine geringe Bedeutung liegt vor, wenn der Verwaltungsaufwand außer Verhältnis zu den steuerlichen Auswirkungen steht. Aus Vereinfachungsgründen kann die Wertermittlung durch Multiplikation der durchschnittlichen Bruttoausschüttungen der letzten drei Jahre mit dem anzuwendenden Kapitalisierungsfaktor vorgenommen werden.
- **Junge Wirtschaftsgüter**, die innerhalb eines Zeitraumes von zwei Jahren vor dem Bewertungsstichtag in das Betriebsvermögen eingelegt wurden, und mit diesen in wirtschaftlichem Zusammenhang stehende Schulden werden mit dem eigenständig zu ermittelnden Wert angesetzt. Die Vorschrift soll der Missbrauchsvermeidung dienen.

Daher kann auch im Zusammenspiel mit der Anwendung des **vereinfachten Ertragswertverfahrens die Bewertung von Immobilien notwendig sein**, wenn diese zum nicht betriebsnotwendigen Vermögen gehören oder junge Wirtschaftsgüter darstellen.

Das **vereinfachte Ertragswertverfahren kann nicht zur Anwendung** kommen, wenn es zu offensichtlich unzutreffenden Ergebnissen führt, oder ein anderes anerkanntes Verfahren im gewöhnlichen Geschäftsverkehr eingesetzt wird. Offensichtlich unzutreffende Ergebnisse können zum Beispiel aus zeitnahen Verkäufen vor oder nach dem Bewertungsstichtag oder durchgeführten Erbauseinandersetzungen abgeleitet werden. Bei komplexen Strukturen von verbundenen Unternehmen, neu gegründeten Unternehmen, Branchenwechseln, grenzüberschreitenden

Sachverhalten oder sonstigen Fällen, in denen ein künftiger Jahresertrag nicht ermittelt werden kann, liegen zudem begründete Zweifel für die Bewertung mit dem vereinfachten Ertragswertverfahren vor.

Dem Unternehmer steht es offen, **eine eigene Wertermittlung mit fachlicher Unterstützung** vorzunehmen. In der Praxis ist das übliche Bewertungsverfahren die Feststellung des Unternehmenswertes nach den Vorschriften des sog. IDW S 1 (Standard 1 des Instituts der Wirtschaftsprüfer). Dabei werden die zukünftigen finanziellen Überschüsse, abgeleitet aus den zukünftigen Jahreserträgen verplausibilisiert und mit einem geeigneten Kapitalisierungszins diskontiert.

Sofern eine **Beteiligung an einer Personengesellschaft** bewertet wird, sind dieser anteilig der Wert am Unternehmen („Gesamthandsvermögen") die Wirtschaftsgüter und Schulden des Sonderbetriebsvermögens der einzelnen Gesellschafter jeweils mit deren gemeinen Wert hinzuzurechnen. Der Wert des Anteils eines Gesellschafters ergibt sich somit als Summe aus dem Anteil aus dem Gesamthandsvermögen und dem Wert des jeweiligen Sonderbetriebsvermögens. Die Aufteilung des Wertes des Gesamthandsvermögens bestimmt sich zunächst aus den Kapitalkonten der Gesamthandsbilanz. Sie sind jedem Gesellschafter direkt zuzurechnen. Der verbleibende Wert ist nach dem für die Gesellschaft maßgebenden Ergebnisverteilungsschlüssel auf die Gesellschafter aufzuteilen.

Sofern ein **Anteil an einer Kapitalgesellschaft** ermittelt wird, bestimmt sich der gemeine Wert nach dem Verhältnis des Anteils am Nennkapital der Gesellschaft zum gemeinen Wert des Betriebsvermögens der Kapitalgesellschaft am Bewertungsstichtag.

### 2.3.3 Grundbesitz

Grundstücke (bebaute und unbebaute Grundstücke) gehören zum sog. **Grundbesitz**. Dieser ist mit dem sog. Grundbesitzwert zu bewerten. Dabei richtet sich die Wertermittlung nach den tatsächlichen Verhältnissen und Wertverhältnissen zum Bewertungsstichtag. Die Bewertung unterscheidet sich danach, ob bebaute oder unbebaute Grundstücke übertragen und daher bewertet werden müssen.

#### 2.3.3.1 Unbebaute Grundstücke

**Unbebaute Grundstücke** sind Grundstücke, auf denen sich keine benutzbaren Gebäude befinden. Sie werden bewertet, indem die Fläche in qm mit dem sog. Bodenrichtwert multipliziert wird. Die Bodenrichtwerte werden von den einzelnen Gutachterausschüssen ermittelt und in Bodenrichtwertkarten ausgewiesen. Sie werden aus den tatsächlichen örtlichen Verkäufen abgeleitet. Gleichwohl kann der Ansatz der von den Gutachterausschüssen ermittelten Bodenrichtwerte problematisch sein. Häufig gibt es keine flächendeckenden oder spezifischen Bodenrichtwerte, sondern für ein bestimmtes Gebiet nur relativ pauschale Bodenrichtwerte, die Besonderheiten bestimmter Grundstückstypen nicht berücksichtigen. Wenn nur wenige Informationen über das dem Bodenrichtwert zugrunde liegende typische Grundstück verfügbar sind, wird es schwer fallen, Anpassungen für das zu bewertende Grundstück vorzunehmen. Der Nachweis eines niedrigeren Verkehrswertes für das unbebaute Grundstück ist möglich.

**Beispiel**

Das unbebaute Grundstück hat eine Fläche von 2.000 qm. Der Bodenrichtwert beträgt 500 Euro. Der Grundbesitzwert beträgt demnach 1 Mio. Euro.

#### 2.3.3.2 Bebaute Grundstücke

Ein bebautes Grundstück liegt vor, wenn sich darauf ein benutzbares Gebäude befindet. Das Bewertungsgesetz sieht für die Bewertung bebauter Grundstücke drei Bewertungsverfahren (Vergleichswert , Ertragswert- und Substanzwertverfahren) vor. Die Anwendbarkeit richtet sich nach den vorliegenden Grundstückarten (siehe dazu auch § 181 BewG). Zwischen diesen ist zu unterscheiden:

| Grundstücksarten | Bewertungsverfahren |
|---|---|
| ■ Wohnungs- und Teileigentum.<br>■ Ein- und Zweifamilienhäuser. | **Vergleichswertverfahren**<br>(§ 182 **Abs. 2** BewG i. V. m. § 183 BewG) |
| ■ **Mietwohngrundstücke** (immer).<br>■ Geschäftsgrundstücke und gemischt genutzte Grundstücke, für die sich auf dem örtlichen Grundstücksmarkt eine **übliche Miete** ermitteln lässt. | **Ertragswertverfahren**<br>(§ 182 **Abs. 3** BewG i. V. m. §§ 184 bis 188 BewG) |
| ■ Grundstücke i. S. d. § 182 Abs. 2 BewG, **soweit ein Vergleichswert nicht vorliegt**.<br>■ Geschäftsgrundstücke und gemischt genutzte Grundstücke, für die sich auf dem örtlichen Grundstücksmarkt eine **übliche Miete nicht** ermitteln lässt.<br>■ Sonstige bebaute Grundstücke. | **Sachwertverfahren**<br>(§ 182 **Abs. 4** BewG i. V. m. §§ 189 bis 191 BewG) |

Das **Sachwertverfahren** ist somit eine Auffangnorm für Grundstücke, die im Vergleichs- und Ertragswertverfahren nicht sachgerecht bewertet werden können.

##### 2.3.3.2.1 Vergleichswertverfahren

Die Anwendung des Vergleichswertverfahrens setzt Kaufpreise von Grundstücken voraus, die hinsichtlich der ihren Wert beeinflussenden Merkmale mit dem zu bewertenden Grundstück hinreichend übereinstimmen (Vergleichsgrundstücke). Grundlage sind vorrangig die von den Gutachterausschüssen mitgeteilten Vergleichspreise. Alternativ zu den Preisen für Vergleichsgrundstücke können von den Gutachterausschüssen für geeignete Bezugseinheiten, insbesondere Flächeneinheiten des Gebäudes ermittelte und mitgeteilte Vergleichsfaktoren herangezogen werden.

**Beispiel**

A verschenkt an ihre Nichte eine Eigentumswohnung (70 m²). Diese ist vorrangig nach dem Vergleichswertverfahren zu bewerten. Der Gutachterausschuss teilt für Wohnungen der Baujahre 1980 bis 1990 mit einer Größe von 70 m² in dem entsprechenden Stadtteil einen mittleren Kaufpreis von 2.800 Euro/m² mit. Damit beträgt der Grundbesitzwert der Wohnung 196.000 Euro.

##### 2.3.3.2.2 Ertragswertverfahren

Das **Ertragswertverfahren** ermittelt den Wert des Bodens (Bodenwert) und des Gebäudes (Gebäudeertragswert) getrennt. Der Mindestwert ist der Bodenwert, d. h. der Wert des unbebauten Grundstücks. Hierdurch werden komplizierte Wertberechnungen in Fällen erspart, in denen nach Abzug der Bodenwertverzinsung kein Gebäudereinertrag mehr verbleibt. Dabei ist vom Bodenwert, der wie bei einem unbebauten Grundstück zu ermitteln ist, und dem Gebäudeertragswert auszugehen. Sonstige bauliche Anlagen, insbesondere Außenanlagen, sind bereits durch den Ertragswert abgegolten. Sonstige besondere wertbeeinflussende Umstände werden im Rahmen dieser typisierenden Wertermittlung nicht gesondert ermittelt und angesetzt. Dem Steuerpflichtigen steht der Nachweis des niedrigeren gemeinen Wertes offen. Das Verfahrensschema sieht wie folgt aus:

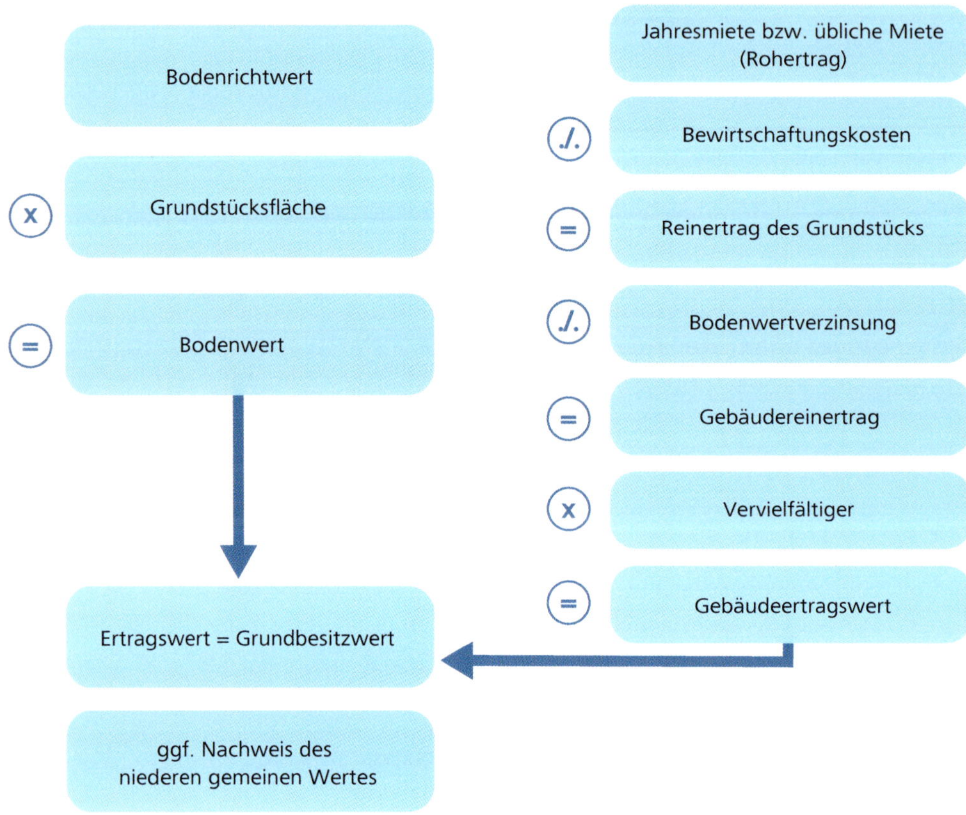


**Hinweis**

Durch das **Jahressteuergesetz 2022** wurde das Ertragswertverfahren mit Wirkung zum 01.01.2023 modifiziert. Änderungen haben sich hinsichtlich der Ermittlung der Bewirtschaftungskosten ergeben. Zudem wurden die Gesamtnutzungsdauern sowie die Liegenschaftszinssätze verändert. Dies führt in der Regel zu einer Erhöhung der Ergebnisse.

Ausgangspunkt für die Ermittlung des Gebäudeertragswerts ist der **Reinertrag des Grundstücks**. Dieser ergibt sich aus dem Rohertrag des Grundstücks abzüglich der Bewirtschaftungskosten. Rohertrag ist das Entgelt, das für die Benutzung des bebauten Grundstücks nach den am Bewertungsstichtag geltenden vertraglichen Vereinbarungen für den Zeitraum von 12 Monaten zu zahlen ist. Umlagen, die zur Deckung der Betriebskosten gezahlt werden, sind nicht anzusetzen. Für Grundstücke oder Grundstücksteile, die eigengenutzt, ungenutzt, zu vorübergehendem Gebrauch oder unentgeltlich überlassen sind, oder die der Eigentümer dem Mieter zu einer um mehr als 20 % von der üblichen Miete abweichenden tatsächlichen Miete überlassen hat, ist die **übliche Miete** anzusetzen. Diese ist in Anlehnung an die Miete zu schätzen, die für Räume gleicher oder ähnlicher Art, Lage und Ausstattung regelmäßig gezahlt wird. Betriebskosten sind nicht einzubeziehen. Die **Bewirtschaftungskosten** sind die bei gewöhnlicher Bewirtschaftung nachhaltig entstehenden Verwaltungskosten, Betriebskosten, Instandhaltungskosten und das Mietausfallwagnis. Diese können der Anlage 23 des Bewertungsgesetzes entnommen werden. Diese unterscheidet zwischen Bewirtschaftungskosten für Wohnnutzung und gewerblicher Nutzung. Die Verwaltungskosten und Instandhaltungskosten für Wohnnutzung in Anlage 23 BewG sind jährlich an den vom Statistischen Bundesamt festgestellten Verbraucherpreisindex für Deutschland anzupassen. Die indizierten Bewirtschaftungskosten sind für alle Bewertungsstichtage des Kalenderjahres anzuwenden. Das Bundesministerium der Finanzen (BMF) veröffentlicht den maßgebenden Verbraucherpreisindex im Bundessteuerblatt.

Der so berechnete Reinertrag des Grundstückes ist um den Betrag zu vermindern, der sich durch eine **angemessene Verzinsung des Bodenwerts** ergibt; dies ergibt den **Gebäudereinertrag**. Der Verzinsung des Bodenwerts ist der Liegenschaftszinssatz zugrunde zu legen. Dieser entspricht dem Zinssatz, mit welchem der Verkehrswert von Grundstücken im Durchschnitt marktüblich verzinst wird. Soweit von den Gutachterausschüssen keine geeigneten Liegenschaftszinssätze zur Verfügung stehen, gelten die im Bewertungsgesetz vorgesehenen Zinssätze. Das Ergebnis entspricht dem Gebäudereinertrag. Dieser ist mit einem Vervielfältiger zu kapitalisieren, der unter Berücksichtigung des maßgeblichen Liegenschaftszinssatzes und der Restnutzungsdauer des Gebäudes zu bestimmen ist. Die Restnutzungsdauer des Gebäudes entspricht grundsätzlich der Differenz zwischen der wirtschaftlichen Gesamtnutzungsdauer und dem Alter des Gebäudes am Bewertungsstichtag. Sind nach Bezugsfertigkeit des Gebäudes Veränderungen eingetreten, die die wirtschaftliche Gesamtnutzungsdauer des Gebäudes verlängert oder verkürzt haben, ist von einer Verlängerung oder Verkürzung der entsprechenden Restnutzungsdauer auszugehen. Die Restnutzungsdauer eines noch nutzbaren Gebäudes beträgt regelmäßig mindestens 30 % der wirtschaftlichen Gesamtnutzungsdauer. Auch die Gesamtnutzungsdauer gibt das Bewertungsgesetz typisiert in Abhängigkeit von der vorliegenden Gebäudeart vor. So entspricht diese für Mietwohngrundstücke z. B. 80 Jahre. Durch die Kapitalisierung ergibt sich der **Gebäudeertragswert**, welcher dem Bodenwert hinzuzurechnen ist, sofern er positiv ist. Ansonsten entspricht der Bodenwert dem Wert des bebauten Grundstückes.

#### 2.3.3.2.3 Sachwertverfahren

Im Rahmen des Sachwertverfahrens ist der Wert der Gebäude (Gebäudesachwert) getrennt vom Bodenwert zu ermitteln. Die Summe ergibt den sog. vorläufigen Sachwert des Grundstückes, der zur Anpassung an den gemeinen Wert mit einer Wertzahl zu multiplizieren ist. Dabei sind mit dem Gebäudesachwert sonstige bauliche Anlagen, insbesondere Außenanlagen, und der Wert der sonstigen Anlagen regelmäßig mit dem Gebäudewert und Bodenwert abgegolten. Der Bodenwert entspricht dem Wert des unbebauten Grundstücks.

**Hinweis**

Auch das Sachwertverfahren wurde durch das Jahressteuergesetz 2022 modifiziert. Hier wurden ein **Regionalfaktor und ein Alterswertminderungsfaktor** eingefügt.

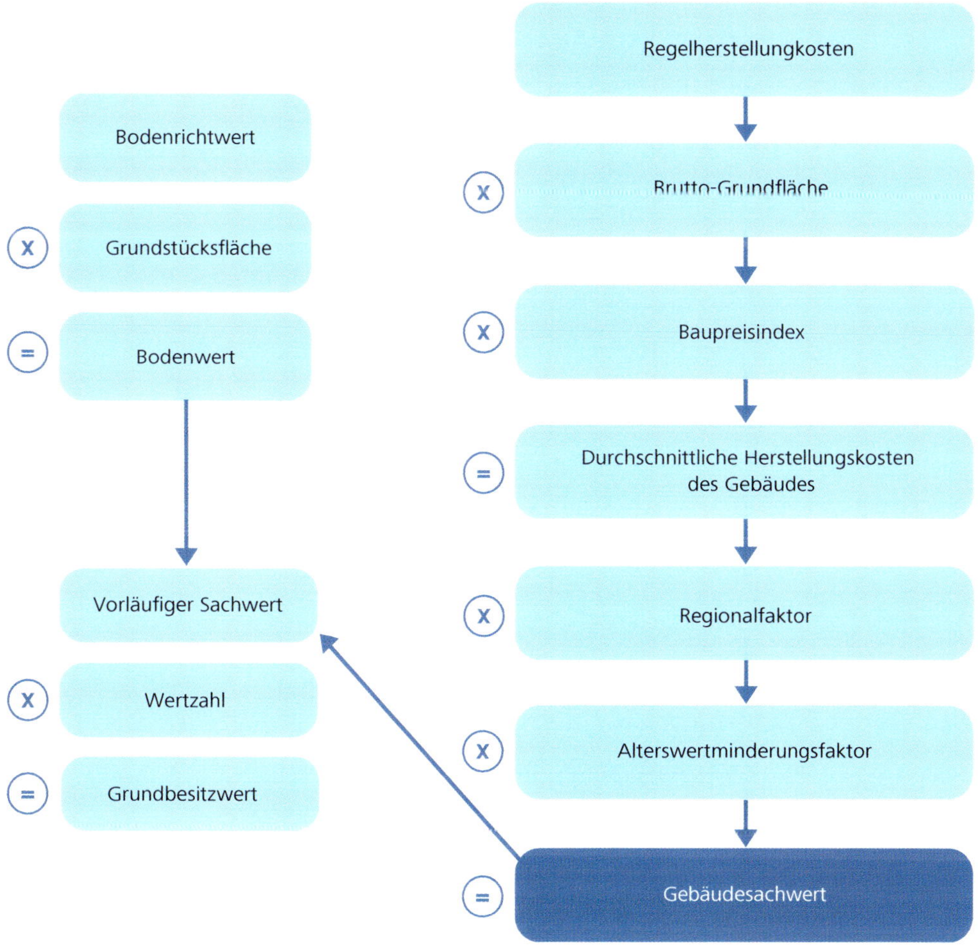


Ausgangspunkt der Ermittlung des Gebäudesachwerts sind die **Regelherstellungskosten des Gebäudes**. Diese entsprechen den gewöhnlichen Herstellungskosten je Flächeneinheit. Die durchschnittlichen Herstellungskosten ergeben sich durch Multiplikation der jeweiligen Regelherstellungskosten mit der Brutto-Grundfläche des Gebäudes und dem Baupreisindex. Anschließend ist ein sog. Regionalfaktor und Alterswertminderungsfaktor zu berücksichtigen. Der nach Berücksichtigung der Alterswertminderung verbleibende Gebäudewert ist regelmäßig mit mindestens noch 30 % des Gebäuderegelherstellungswerts anzusetzen. Aus der Summe des Bodenwerts und Gebäudesachwerts ergibt sich der vorläufige Sachwert, der erheblich vom gemeinen Wert abweichen kann. Wie bei der Verkehrswertermittlung ist deshalb eine Anpassung zur „Berücksichtigung der Lage auf dem Grundstücksmarkt" erforderlich. Diese erfolgt durch Anwendung einer sog. Wertzahl. Nach Multiplikation mit dieser ergibt sich der Grundbesitzwert für das bebaute Grundstück, das im Sachwertverfahren zu bewerten ist.

#### 2.3.3.3 Bewertung in Sonderfällen

Zu den Sonderfällen gehören Erbbaurechte, Gebäude auf fremden Grund und Boden sowie Grundstücke im Zustand der Bebauung.

Liegen **Erbbaurechte** vor, erfolgt eine getrennte Bewertung für die wirtschaftliche Einheit des Erbbaurechtes sowie für das belastete Grundstück. Die Werte sind gesondert zu ermitteln. Für beide Einheiten ist der Wert vorrangig im Vergleichswertverfahren zu ermitteln. Die Anwendung des Vergleichswertverfahrens ist aber nur sachgerecht, wenn die Vergleichsgrundstücke möglichst innerhalb der gleichen Grundstücksart, mit annähernd gleich hohen Erbbauzinsen, in Gebieten mit annähernd gleichem Bodenwertniveau, mit annähernd gleicher Restlaufzeit und annähernd gleichen Möglichkeiten der Erbbauzinsanpassung gelegen bzw. versehen sind. Diese Voraussetzungen werden nur in Ausnahmefällen vorliegen. Daher ist der Wert des Erbbaurechts nach einer finanzmathematischen Methode zu ermitteln. Bei dieser wird der Bodenwertanteil und der Gebäudewertanteil getrennt ermittelt.

Auch bei der **Bewertung von Grundstücken auf fremden Grund und Boden** bilden das Gebäude auf fremdem Grund und Boden und das belastete Grundstück zwei wirtschaftliche Einheiten, die selbstständig zu bewerten sind. Der Gebäudewert ist, je nach Grundstückstyp, nach Vergleichs-, Ertrags- oder Sachwertverfahren zu ermitteln. Der Wert des belasteten Grundstücks besteht wiederum aus dem über die Restlaufzeit abgezinsten Bodenwert sowie des über den Zeitraum kapitalisierten Entgelts.

**Grundstücke im Zustand der Bebauung** werden mit den bereits am Bewertungsstichtag entstandenen Herstellungskosten bewertet. Diese werden dem Wert des bislang unbebauten oder bereits bebauten Grundstücks hinzugerechnet. Dabei befindet sich ein Grundstück im Zustand der Bebauung, wenn mit den Abgrabungen oder der Einbringung von Baustoffen begonnen wurde.

## 2.4 Steuerbefreiungen

### 2.4.1 Überblick

Hinsichtlich der Steuerbefreiungen ist zwischen den **persönlichen und sachlichen Steuerbefreiungen** zu unterscheiden. Dabei knüpfen die sachlichen Steuerbefreiungen an den Gegenstand, der übertragen wird, und die persönlichen Befreiungen an die beteiligten Personen an.

Zu den wesentlichen **sachlichen Steuerbefreiungen** gehören:

- **Hausrat und andere bewegliche körperliche Gegenstände** (z. B. Personenkraftwagen) beim Erwerb durch Personen der Steuerklasse I (z. B. Ehepartner/eingetragener Lebenspartner, Kinder): Freibetrag für Hausrat 41.000 Euro bzw. für andere bewegliche Gegenstände 12.000 Euro; beim Erwerb durch Personen der Steuerklasse II und III (z. B. Geschwister, Neffen, Nichten, Freunde): Freibetrag insgesamt 12.000 Euro,
- **Grundbesitz, Kunstgegenstände, wissenschaftliche Sammlungen** etc., deren Erhaltung im öffentlichen Interesse liegt (Befreiung zu 60 % bzw. bei Grundbesitz zu 85 %, oder in vollem Umfang bei Unterstellung Denkmalpflege),
- **Grundbesitz für die Allgemeinheit** (z. B. Park- oder Gartenanlagen),
- **Familienheim** bei Erwerb von Todes wegen zwischen Ehegatten / eingetragenen Lebenspartner und Kinder (max. 200 qm Wohnfläche), zehnjährige Nachbehaltens- und Verwendungsfrist,
- Zuwendungen, die ausschließlich kirchlichen, gemeinnützigen oder mildtätigen Zwecken gewidmet sind (auch an **gemeinnützige Stiftungen**),
- 10 %ige Steuerbefreiung für an Dritte zu Wohnzwecken **vermietete Immobilien** des Privatvermögens oder nicht begünstigtes Betriebsvermögen,
- **Steuerbefreiung für betriebliches Vermögen in §§ 13a ff. ErbStG** (insbesondere für bestimmte Beteiligungen an Kapitalgesellschaften, Anteile an gewerblichen Personengesellschaften, Einzelunternehmen), soweit das Vermögen tatsächlich begünstigt ist.

**Hinweis**

Für Immobilien des Privatvermögens enthält das Erbschaftsteuer- und Schenkungsteuergesetz nur wenige Steuerbefreiungen. Von besonderer Bedeutung ist dabei die Steuerbefreiung für das sog. Familienheim sowie Dritten zu Wohnzwecken überlassene Grundstücke. Für Letztere wird ein Abschlag von 10 % gewährt. Darüber hinaus kommt eine Steuerbefreiung nur in Sonderfällen oder dann in Betracht, wenn die Immobilien zum Betriebsvermögen gehören.

Die Höhe der persönlichen Freibeträge ist von dem persönlichen Verhältnis der Beteiligten abhängig. Dafür werden die Erwerber in sog. Steuerklassen eingeteilt. Zur Steuerklasse I gehören insbesondere der Ehegatte/eingetragene Lebenspartner, die Kinder und Stiefkinder, zur Steuerklasse II insbesondere die Eltern und Voreltern, soweit sie nicht ausnahmsweise zur Steuerklasse I gehören, Geschwister sowie die Abkömmlinge ersten Grades von Geschwistern, die Schwiegerkinder und alle übrigen Erwerber zur Steuerklasse III. Danach beträgt der Freibetrag für Ehegatten und Lebenspartner 500.000 Euro, für Kinder und Kinder verstorbener Kinder 400.000 Euro, für die übrigen Personen der Steuerklasse I 100.000 Euro, für Erwerber der Steuerklasse II und Steuerklasse III einheitlich 20.000 Euro. Darüber hinaus wird beim Erwerb von Todes wegen für Ehegatten und eingetragene Lebenspartner ein sog. besonderer Freibetrag i. H. v. 256.000 Euro und für Kinder ein altersabhängiger Freibetrag gewährt. Nachfolgende Tabelle zeigt die unterschiedlich hohen Freibeträge im Verhältnis zum Verwandtschaftsgrad:

| Verwandtschaftsgrad | Allgemeiner Freibetrag | Besonderer Versorgungsfreibetrag |
|---|---|---|
| Ehegatten und eingetragene Lebenspartner | 500.000 Euro | 256.000 Euro |
| Kinder, Stiefkinder, Adoptivkinder und Enkel (wenn Eltern verstorben) | 400.000 Euro | Bis 5 Jahre: 52.000 Euro<br>6 bis 10 Jahre: 41.000 Euro<br>11 bis 15 Jahre: 30.700 Euro<br>16 bis 20 Jahre: 20.500 Euro<br>21 bis 27 Jahre: 10.300 Euro |
| Enkel | 200.000 Euro | - |
| Eltern, Großeltern (bei Erwerb durch Erbschaft), Urenkel | 100.000 Euro | - |
| Geschwister, für Eltern und Großeltern beim Erwerb durch Schenkung, Kinder der Geschwister | 20.000 Euro | - |
| Alle übrigen Erben | 20.000 Euro | - |

**Hinweis**

Zu berücksichtigen ist, dass dieser Freibetrag nur alle zehn Jahre in Anspruch genommen werden kann. Dafür werden die Erwerbe, die innerhalb von zehn Jahren vor dem Erwerb von Todes wegen erfolgten, als sog. Vorerwerbe, bei der Ermittlung des steuerpflichtigen Erwerbs berücksichtigt. Dadurch wird sichergestellt, dass der Freibetrag nur alle zehn Jahre in Anspruch genommen wird.

**Beispiel**

Die Tochter B hat vor fünf Jahren 300.000 Euro von ihrem Vater geschenkt bekommen. Durch diese Schenkung wurde keine Schenkungsteuer ausgelöst. Nunmehr erbt die Tochter nach dem Tod des Vaters weiteres Barvermögen i. H. v. 500.000 Euro. Der Bereicherung der Tochter von 500.000 Euro wird die Schenkung als Vorerwerb hinzugerechnet. Von diesem Gesamterwerb (800.000 Euro) wird der Freibetrag von 400.000 Euro (Steuerklasse I) abgezogen. Der steuerpflichtige Erwerb der Tochter beträgt demnach 400.000 Euro.

### 2.4.2 Begünstigung von Grundvermögen/ Steuerbefreiung für das Familienheim

Für Immobilien im Privatvermögen sieht das Erbschaftsteuer- und Schenkungsteuergesetz **nur wenige Steuerbefreiungen** vor.

Für bebaute Grundstücke und Grundstücksteile, die zu Wohnzwecken vermietet werden, wird ein Abschlag von **10 % auf den Wert der Immobilie** gewährt, wenn diese im Inland oder in EU/EWR-Staaten belegen sind. Zu beachten ist, dass aufgrund dieser Freistellung auch die mit der Immobilie verbundenen Aufwendungen nur anteilig als Verbindlichkeit berücksichtigt werden können.

Eine für die Praxis von besonderer Bedeutung ist die Steuerbefreiung für das sog. **Familienheim**. Für die Steuerbefreiung sind drei Fälle zu unterscheiden:

- Übertragung zu Lebzeiten zwischen Eheleuten/eingetragenen Lebenspartnern
- Übertragung von Todes wegen zwischen Eheleuten/eingetragenen Lebenspartnern
- Übertragung von Todes wegen auf Kinder.

Eine Übertragung zu Lebzeiten ist nur steuerfrei unter Eheleuten/eingetragenen Lebenspartnern möglich. Für Übertragungen durch Erwerb von Todes wegen sieht das Erbschaftsteuer- und Schenkungsteuergesetz eine zehnjährige(!) Nachbehaltens- und Verwendungsfrist vor. Dafür ist auch eine steuerfreie Übertragung auf Kinder (konkret auf Kinder i. S. der Steuerklasse I Nr. 2 oder Kinder verstorbener Kinder i.

S. der Steuerklasse I Nr. 2) möglich, allerdings wird diese auf eine Wohnfläche von max. 200 qm beschränkt. Die Steuerbefreiung entfällt jedoch insgesamt, wenn die Wohnung beim Erwerber nicht unverzüglich zur Selbstnutzung zu eigenen Wohnzwecken bestimmt ist und er das Familienheim innerhalb von zehn Jahren nach dem Erwerb nicht mehr zu Wohnzwecken selbst nutzt. Eine Ausnahme gilt nur, wenn der überlebende Ehepartner aus zwingenden Gründen an einer Selbstnutzung der Wohnung zu eigenen Wohnzwecken gehindert ist (z. B. Tod oder Unterbringung im Heim). Mit der Anwendung dieser Steuerbefreiung sind in der Praxis für das Familienheim zahlreiche Anwendungsfragen verbunden, die immer wieder auch die Finanzgerichte beschäftigen. Was ist ein Familienheim? Wann erfolgt die Nutzung unverzüglich? Wann liegt eine Ausnahme vor? Zu beachten ist, dass die Rechtsprechung sehr restriktiv ist, d. h. die Voraussetzungen für diese Steuerbefreiung eng auslegt. Die Steuerbefreiung kommt natürlich nicht zur Anwendung, wenn der Erwerber das „Familienheim" aufgrund einer **letztwilligen Verfügung des Erblassers** oder einer rechtsgeschäftlichen Verfügung des Erblassers auf einen Dritten übertragen muss.

Als Familienheim kommen grundsätzlich nur bebaute Grundstücke, d. h. Immobilien in Betracht, die nicht im Drittland belegen sind. Begünstigungsfähig sind damit Immobilien in der EU oder im EWR-Raum. Voraussetzung ist, dass die Wohnung (bzw. das Haus o. ä.) gemeinsam von den Eheleuten und der zur Familie gehörenden Kinder zu eigenen Wohnzwecken genutzt wird. Dabei bestimmt sich der Wohnungsbegriff nach der tatsächlichen Nutzung. In dem Familienheim muss sich daher der Mittelpunkt des familiären Lebens befinden, so dass Wohnungen, die nur als Ferien- oder Wochenendwohnung genutzt werden oder für einen Berufspendler nur die Zweitwohnung darstellen, nicht begünstigungsfähig sind. Im Ergebnis kann eine Familie immer nur ein Familienheim zeitgleich haben, selbst wenn die Familie zeitgleich mehrere Immobilien nutzt (sog. Mehrfachwohnsitz). Selbstverständlich aber nacheinander mehrere, so dass die Steuerbefreiung mehrfach in Anspruch genommen werden kann, soweit das jeweilige Familienheim zu Lebzeiten zwischen den Eheleuten (z. B. vor dem Umzug in das neue Familienheim) übertragen wird. Im Grundsatz sollte das Eigentum bzw. das Miteigentum an einem solchen „Familienheim" zwischen bestimmten Personen übertragen werden (Eheleute/eingetragene Lebenspartner bzw. bei Erwerb von Todes wegen ausnahmsweise die Kinder).

Zu beachten ist, dass die Steuerbefreiung für die Übertragung des Familienheims durch Erwerb von Todes wegen mit Wirkung für die Vergangenheit vollständig entfällt, wenn die Immobilie nicht die gesamten zehn Jahren nach dem Erwerb zu eigenen Wohnzwecken genutzt wird. Dies bedeutet, dass eine Selbstnutzung der Wohnung als Eigentümer über einen Zeitraum von zehn Jahren notwendig ist, damit das Familienheim steuerfrei übertragen werden kann. Dabei entfällt die Steuerbefreiung auch dann, wenn der Erwerber das Objekt nur gelegentlich zu eigenen Wohnzwecken nutzt oder die Immobilie unentgeltlich z. B. an die Mutter des Erwerbers überlassen, an Dritte vermietet oder nur noch als Zweitwohnsitz/Wochenendhaus genutzt wird. Auch die Weiterübertragung unter Nutzungsvorbehalt wäre schädlich. Eine Ausnahme gilt nur dann, wenn der Erwerber **aus zwingenden Gründen an einer Selbstnutzung gehindert ist**. Zwingende Gründe liegen dabei i. d. R. nur vor, wenn jemand aus gesundheitlichen Gründen nicht mehr in diesem Familienheim wohnen kann. Nach der Gesetzesbegründung sollen mit dieser Ausnahme nur Sachverhalte erfasst werden, die das selbstständige Führen eines Haushalts in dem erworbenen Familienheim unmöglich machen, wie z. B. bei Pflegebedürftigkeit oder Tod des Erwerbers (Bericht des Finanzausschusses v. 26.11.2008, BT-Drs. 16/11107, S. 8). Daher sind berufliche Gründe, welche einen Umzug veranlassen, nicht ausreichend.

Zu weiteren Einzelheiten und Gestaltungsmöglichkeiten siehe ausführlich unter *Kapitel 4.2*.

### 2.4.3 Steuerbefreiung für betriebliches Vermögen

Für bestimmtes betriebliches Vermögen – **gewerbliche Unternehmen mit Grundbesitz** – sieht das Erbschaftsteuer- und Schenkungsteuergesetz eine umfangreiche Steuerbefreiung in den §§ 13a ff. ErbStG vor.

Voraussetzung ist, dass es sich um sog. **begünstigungsfähiges Vermögen** handelt. Dazu gehören insbesondere Anteile an land- und forstwirtschaftlichen Betrieben, inländisches Betriebsvermögen, wie z. B. Einzelunternehmen bzw. Teilbetriebe eines Gewerbebetriebs, Beteiligungen an Mitunternehmerschaften (gewerbliche Personengesellschaften, auch optierte und gewerblich geprägte Personengesellschaften), sowie Anteile an Kapitalgesellschaften, sofern der Erblasser/Schenker zu **mehr als 25 %** unmittelbar beteiligt gewesen ist. Nicht begünstigt sind Beteiligungen an vermögensverwaltenden Personengesellschaften.

**Hinweis**

Hier zeigt sich ein **Unterschied zwischen Personen- und Kapitalgesellschaften**. Denn Anteile an gewerblichen (nicht vermögensverwaltenden) Personengesellschaften sind grundsätzlich begünstigt; Beteiligungen an Kapitalgesellschaften im Privatvermögen hingegen nur, wenn eine Mindestbeteiligung von mehr als 25 % vorliegt. Dabei kann diese auch durch Poolung der Anteile herbeigeführt werden (Stimmpooling). Für die Feststellung der Mindestbeteiligung werden die Anteile des Erblassers oder Schenkers mit Anteilen weiterer Gesellschafter zusammengerechnet, wenn diese untereinander verpflichtet sind, über die Anteile nur einheitlich zu verfügen oder ausschließlich auf die jeweils anderen zu übertragen und das Stimmrecht gegenüber nichtgebundenen Gesellschaftern einheitlich auszuüben. Zu beachten ist, dass es nicht auf die Höhe der übertragenen Beteiligung ankommt, sondern auf die Beteiligungshöhe des Erblassers / Schenkers.

**Beispiel**

A hält zahlreiche Immobilien in seinem Privatvermögen. Eine Steuerbefreiung nach § 13a ErbStG kommt nicht in Betracht, weil insoweit kein begünstigungsfähiges Vermögen vorliegt.

Zum **begünstigungsfähigen Vermögen** zählen insbesondere inländisches Betriebsvermögen und entsprechendes Betriebsvermögen, das einer EU-/ EWR-Betriebstätte dient, sowie Beteiligungen von mehr als 25% an Kapitalgesellschaften. Auch für die Kapitalgesellschaften gilt, dass sie ihren Sitz im Inland oder einem EU/ EWR-Staat haben müssen, damit sie begünstigungsfähig sind. Sofern zum begünstigungsfähigen Vermögen **Beteiligungen an in- und ausländischen Personen-**

**oder Kapitalgesellschaften** gehören, sind diese ebenfalls begünstigungsfähig. Das Vermögen und die Schulden dieser Beteiligungsgesellschaft sind ebenfalls, ggf. anteilig in Höhe der Beteiligungsquote, zu berücksichtigen. Dafür wird eine sog. **Verbundvermögensaufstellung** erstellt, in welche alle Vermögensgegenstände der jeweiligen Gesellschaft aufgeführt werden. Forderungen und Verbindlichkeiten der Gesellschaften untereinander sind nicht anzusetzen. Auf Ebene der Obergesellschaft erfolgt dann auch die konsolidierte Ermittlung des sog. nicht begünstigten Verwaltungsvermögens. Der ermittelte gemeine Wert des begünstigungsfähigen Vermögens, vermindert um das Netto-Verwaltungsvermögen, ergibt den Netto-Wert des begünstigten Vermögens, welcher Gegenstand der verschiedenen Verschonungsoptionen ist.

Unter die Steuerbefreiung nach §§ 13a, 13b ErbStG fällt jedoch nur das **sog. begünstigte Vermögen**. Insoweit ist eine Abgrenzung des begünstigungsfähigen Vermögens notwendig. Dafür ist das sog. **Verwaltungsvermögen** zu identifizieren. Zu diesem gehören

- **Dritten zur Nutzung überlassene Grundstücke** (Ausnahme z. B. für Wohnungsunternehmen, Nutzungsüberlassung im Rahmen von Betriebsaufspaltung und im Konzern),
- Anteile an Kapitalgesellschaften, wenn die unmittelbare Beteiligung am Nennkapital dieser Gesellschaft 25 % oder weniger beträgt,
- Kunstgegenstände, Kunstsammlungen, wissenschaftliche Sammlungen, Bibliotheken und Archive, Münzen, Edelmetalle, Edelsteine, Briefmarkensammlungen, Oldtimer, Yachten, Segelflugzeuge sowie sonstige typischerweise der privaten Lebensführung dienenden Gegenstände,
- Wertpapiere sowie vergleichbare Forderungen, soweit kein Kreditinstitut oder Finanzunternehmen i. S. des ErbStG vorliegt,
- Finanzmittel (Zahlungsmittel, Geschäftsguthaben, Geldforderungen und andere Forderungen, wie z. B. Forderungen aus Lieferungen und Leistungen) nach Abzug von Schulden und eines Freibetrags in Höhe von 15 % des Betriebsvermögens mit dem gemeinen Wert (sog. Finanzmitteltest), soweit kein Kreditinstitut oder Finanzunternehmen i. S. des ErbStG vorliegt.

Davon abweichend liegt **kein Verwaltungsvermögen** vor, wenn eine **Rückausnahme** erfüllt ist. Diese liegt beispielsweise dann vor, wenn eine Betriebsaufspaltung oder Betriebsverpachtung im Ganzen gegeben ist, wenn der Beschenkte den Betrieb noch nicht führen kann, Grundstücksüberlassungen in einem Konzern, ein Wohnungsunternehmen, wenn die Überlassung von Wohnimmobilien im Rahmen eines wirtschaftlichen Geschäftsbetriebes erfolgt, oder forstwirtschaftliche Grundstücke, Grundstücke, Grundstücksteile, grundstücksgleiche Rechte und Bauten, die vorrangig überlassen werden, um im Rahmen von Lieferungsverträgen dem Absatz von eigenen Erzeugnissen und Produkten zu dienen, oder Altersversorgungsverpflichtungen vorliegen oder die Voraussetzungen für die Sonderregelungen für Kreditinstitute, gewerbliche Kunsthändler etc. erfüllt sind.

**Hinweis**

**Immobilien gehören grundsätzlich zum Verwaltungsvermögen,** wenn sie Dritten zur Nutzung überlassen werden und keine im Gesetz erwähnte Ausnahme vorliegt. Soweit Immobilien anderen zur Nutzung überlassen werden, können sie steuerfrei nur übertragen werden, wenn ein sog. Wohnungsunternehmen vorliegt. Daher ist diese Ausnahme für die Praxis von besonderer Bedeutung.

Eine Ausnahme von der Qualifikation als Verwaltungsvermögen ermöglicht die sog. **Investitionsklausel**, welche nur bei Erwerben von Todes wegen zur Anwendung kommen kann. Diese sieht vor, dass Verwaltungsvermögen rückwirkend als begünstigtes Vermögen angesehen wird, wenn der Erbe die betroffenen Vermögensgegenstände innerhalb von zwei Jahren ab dem Zeitpunkt der Steuerentstehung für die begünstigte, originär gewerbliche Einheit nutzt. Voraussetzung ist jedoch, dass die Investitionen auf einem vorgefassten Entschluss oder Plan des Erblassers erfolgen, welchen der Erwerber grundsätzlich nachweisen muss. Es ist daher zu empfehlen, dass ein solcher Plan als Notfallinstrument schriftlich vorgehalten wird.

**Exkurs: Weitergehende Ausführungen zur Steuerbefreiung für betriebliches Vermögen (§§ 13a ff. ErbStG)**

Soweit der sog. 90 %-Test erfüllt wird (Bruttoverwaltungsvermögen beträgt nicht 90 % des gesamten Werts des Vermögens), kommt eine Steuerbefreiung für das sog. **begünstigte Vermögen** in Betracht. Dieses ist aus dem **begünstigungsfähigen Vermögen** abzuleiten. Dafür sind vorab das sog. **junge Verwaltungsvermögen** und die **jungen Finanzmittel** zu ermitteln. Bei dem jungen Verwaltungsvermögen handelt es sich um solches Vermögen, dass dem Betrieb im Zeitpunkt der Entstehung der Steuer weniger als zwei Jahre zuzurechnen war (z. B. Kauf eines vermieteten Grundstückes, Umschichtung von Wertpapieren). Junge Finanzmittel können dagegen nur durch Zuführung von außen, d. h. durch Einlage, entstehen. Diese sind damit nicht begünstigungsfähig, das junge Verwaltungsvermögen und die jungen Finanzmittel unterfallen auch nicht der sog. „Schmutzgrenze"(§ 13b Abs. 7 ErbStG) für Verwaltungsvermögen. Anschließend werden im Hinblick auf das verbliebene Verwaltungsvermögen die Schulden berücksichtigt. Nach Minderung um die Schulden und Kulanzgrenze von 10 % („Schmutzgrenze") ergibt sich ein **Netto-Verwaltungsvermögen**. Für dieses Vermögen greift weder die Verschonung noch Stundung. Es ist also unverschont sofort zu besteuern. Damit unterfallen nicht unter die Steuerbefreiung das nicht begünstigte Vermögen, zu welchem das begünstigungsschädliche Verwaltungsvermögen gehört (Verwaltungsvermögen nach Berücksichtigung der Schulden und Abzug der Schmutzgrenze, junge Verwaltungsvermögen und junge Finanzmittel). Das Verwaltungsvermögen, welches unter die Schmutzgrenze fällt, ist als sog. unschädliches Verwaltungsvermögen ebenfalls begünstigt. Dieses unterfällt der Steuerbefreiung.

**Beispiel**

Der gemeine Wert (begünstigungsfähiges Vermögen) des Unternehmens des A beträgt 14 Mio. Euro. Das Brutto-Verwaltungsvermögen beträgt 12 Mio. Euro, so dass der sog. 90 %-Test erfüllt wird (Quote von 85,71 % (12 Mio. Euro: 14 Mio. Euro x 100)). Die Steuerbefreiung für betriebliches Vermögen kann daher zur Anwendung kommen, allerdings nur für das begünstigte Vermögen, nicht für das begünstigungsschädliche Verwaltungsvermögen (Verwaltungsvermögen nach Berücksichtigung der Schulden und nach Abzug einer „Schmutzgrenze").

Die Steuerbefreiung wird in Form der sog. **Regelverschonung** oder auf Antrag nach **der sog. Options- bzw. Vollverschonung** gewährt. Beide Steuerbefreiungen stehen unter der Voraussetzung, dass die sog. Mindestlohnsumme erreicht und eine Behaltensfrist eingehalten wird. Für sog. **Großerwerbe von begünstigtem Vermögen** (über 26 Mio. Euro Erwerb von begünstigtem Vermögen) gelten Sonderregelungen. Hier erfolgt die Steuerbefreiung nach dem sog. **Abschmelzmodell** oder alternativ auf Antrag nach der sog. **Verschonungsbedarfsprüfung**.

Des Weiteren kommt für die Übertragung von betrieblichem Vermögen eine Steuerermäßigung nach § 19a ErbStG sowie eine Stundung der Steuer nach § 28 ErbStG in Betracht. Alle Steuerbefreiungen stehen unter dem Vorbehalt, dass die sog. Mindestlohnsumme und Behaltensfrist eingehalten werden. So entfällt die Steuerbefreiung mit Wirkung für die Vergangenheit (ggf. anteilig), wenn der Erwerber beispielsweise das Betriebsvermögen innerhalb der jeweiligen Behaltensfrist ohne entsprechende Reinvestition veräußert oder die Mindestlohnsumme nicht erreicht. Eine Nachversteuerung kann auch durch Insolvenz des Unternehmens oder infolge von Entlassungen von Mitarbeitern ausgelöst werden, wenn dadurch die Mindestlohnsumme nicht erreicht wird.

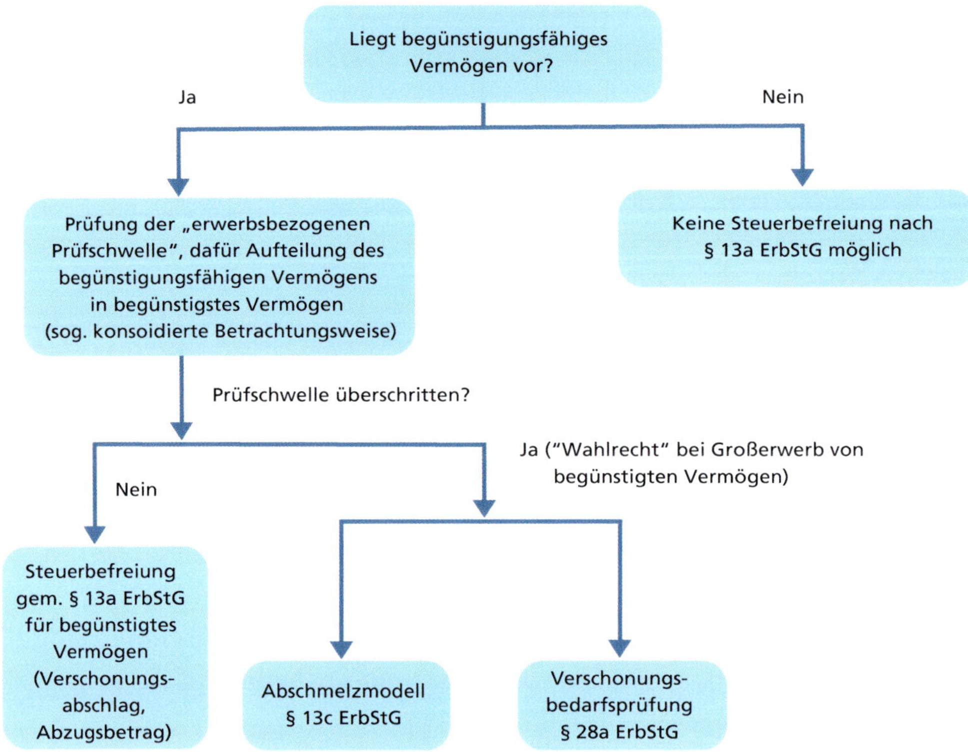


Die sog. **Regelverschonung** sieht vor, dass 85 % des begünstigten Vermögens von der Erbschaft- und Schenkungsteuer befreit sind. Der verbleibende Betrag i. H. v. 15 % ist grundsätzlich steuerpflichtig, soweit dieser den sog. gleitenden Abzugsbetrag übersteigt. Dieser beträgt max. 150.000 Euro, mindert sich allerdings anteilig um die Hälfte des Betrags, um welchen der verbleibende Betrag die Grenze von 150.000 Euro übersteigt.

**Beispiel**

Der Wert des Unternehmens des A beträgt 5 Mio. Euro. Dieses umfasst 4,5 Mio. Euro begünstigtes Vermögen. Nach der Regelverschonung wird ein Abschlag von 85 % gewährt, so dass ein steuerpflichtiger Anteil von 675.000 Euro verbleibt. Aufgrund der Höhe dieses Betrags kommt der Abzugsbetrag nicht mehr zur Anwendung, weil dieser auf 0 Euro abgeschmolzen ist (steuerpflichtig noch 675.000 Euro; dieser Betrag übersteigt 150.000 Euro um 525.000 Euro, sodass er um die Hälfte dieses Betrags auf 0 Euro abgeschmolzen wird). Insgesamt sind damit 1,175 Mio. Euro steuerpflichtig von dem Unternehmen (verbleibender Betrag von 675.000 Euro und steuerpflichtiges, nicht begünstigtes Vermögen von 500.000 Euro).

Dagegen sieht die sog. **Optionsverschonung** (oder auch Vollverschonung) einen Abschlag, d. h. eine Steuerbefreiung von 100 % vor. Voraussetzung ist ein unwiderruflicher Antrag des Steuerpflichtigen (dieser kann bis zur Bestandskraft des Erbschaft- bzw. Schenkungsteuerbescheides gestellt werden). Weitere Voraussetzung ist, dass das begünstigungsfähige Vermögen nach § 13b Abs. 1 ErbStG nicht zu mehr als 20 % aus Verwaltungsvermögen besteht. Aufgrund der höheren Steuerbefreiung sind die Höhe der Mindestlohnsumme und die Dauer der Behaltensfrist bei Anwendung der sog. Vollverschonung höher als bei Anwendung der Regelverschonung. Die Behaltensfrist beträgt hier sieben Jahre statt fünf Jahre.

**Beispiel**

Der Wert des Unternehmens des A beträgt 5 Mio. Euro. Dieses umfasst 4,5 Mio. Euro. begünstigtes Vermögen. Nach der Vollverschonung wird ein Abschlag von 100 % gewährt, so dass ein steuerpflichtiger Anteil von 500.000 Euro verbleibt. Die Behaltensfrist und Mindestlohnsumme würden sich infolge der Inanspruchnahme der Vollverschonung erhöhen.

| **Regelverschonung**<br><br>Verschonungs-abschlag 85 % mit fünfjähriger Behaltensfrist<br><br>Abzugsbetrag 150.000 Euro | 10 % Verwaltungs-vermögens-Freibetrag<br>Schädliches Verwaltungs-vermögen ist voll steuerpflichtig<br><br>Keine Begünstigung, wenn Verwaltungs-vermögen ≥ 90 % | Abhängig von Größe des Unternehmens:<br>250 % / 300 % / 400 %<br>Gesamtlohnsumme über 5 Jahre | Bei Bedingungs-verstoß<br>=<br>anteiliges Abschmelzen |
|---|---|---|---|
| **Options-verschonung**<br><br>Verschonungs-abschlag 100 % mit siebenjähriger Behaltensfrist | Begünstigungs-fähiges Vermögen ≥ 80 %<br>Verwaltungs-vermögen < 20 % | 500 % / 565 % / 700 %<br>Gesamtlohnsumme über 7 Jahre | Bei Bedingungs-verstoß<br>=<br>anteiliges Abschmelzen |

Sollte ein sog. **Großerwerb von begünstigtem Vermögen** vorliegen, gelten abweichende Regelungen. Ein solcher Großerwerb liegt vor, wenn übertragenes (ggf. unter Berücksichtigung der in den letzten zehn Jahren von **derselben Person** an dieselbe Person erfolgten Übertragungen) begünstigtes Vermögen die Grenze von 26 Mio. Euro übersteigt.

**Beispiel**

A hat seiner Tochter einen Anteil an seiner Kapitalgesellschaft übertragen. Der damalige Wert des begünstigten Vermögens betrug 20 Mio. Euro. Nunmehr überträgt er seiner Tochter weitere Anteile. Soweit die Anteilsübertragungen innerhalb von zehn Jahren erfolgen, werden sie für die Prüfung, ob ein sog. Großerwerb von begünstigtem Vermögen vorliegt, zusammengerechnet. Wird dabei die Grenze von 26 Mio. Euro überschritten, erfolgt die Steuerbefreiung nach dem sog. Abschmelzmodell oder der Verschonungsbedarfsprüfung.

Das sog. **Abschmelzmodell** sieht vor, dass sich der Verschonungsabschlag im Rahmen der sog. Regelverschonung bzw. der sog. Voll- bzw. Optionsverschonung nach § 13a Abs. 10 ErbStG bei Großerwerben in Abhängigkeit von der Höhe des übertragenen Vermögens verringert. Dabei reduziert sich der Verschonungsabschlag von 85 % bzw. 100 % jeweils um 1 %, soweit der jeweilige Großerwerb 26 Mio. Euro um jeweils 750.000 Euro übersteigt. Ab einem Großerwerb von 90 Mio. Euro wird kein Verschonungsabschlag mehr gewährt wird. Ab dieser Höhe ist eine Steuerbefreiung nicht mehr möglich.

**Beispiel**

Bei einem Großerwerb von 28 Mio. Euro verringert sich der Verschonungsabschlag um 2 %, weil der Großerwerb von 28 Mio. Euro die Grenze von 26 Mio. Euro um 2 Mio. Euro übersteigt und diese 750.000 Euro zweimal in voller Höhe umfassen. Damit verringert sich der Verschonungsabschlag bei Anwendung der Regelverschonung auf 83 % und bei Anwendung der Options- bzw. Vollverschonung auf 98 %.

Die **Verschonungsbedarfsprüfung** sieht vor, dass der Erwerber einen Erlass der auf die Übertragung des begünstigten Vermögens entfallenden Steuer beantragen kann. Dafür muss er nachweisen, dass er nicht in der Lage ist, die Steuer aus seinem sog. verfügbaren Vermögen zu begleichen. Zum verfügbaren Vermögen gehören 50 % der Summe der gemeinen Werte des mit der Erbschaft oder Schenkung zugleich übergegangenen Vermögens, das nicht zum begünstigten Vermögen gehört, sowie des dem Erwerber im Zeitpunkt der Entstehung der Steuer gehörenden Vermögens (wie z. B. Bargeld, **Immobilien**, begünstigungsfähiges Betriebsvermögen, aber nicht begünstigtes Vermögen), das nicht zum begünstigten Vermögen i. S. d. § 13b Abs. 2 ErbStG gehören würde. Die Steuer für den Großerwerb entspricht also dann maximal der Hälfte des Vermögens, welches der Erwerber als nicht begünstigtes Vermögen im Zuge des Erwerbs des begünstigten Vermögens erhält und/ oder ihm bereits gehört, soweit dieses nicht zum begünstigten Vermögen gehören würde.

**Beispiel**

Der Wert des Einzelunternehmens des A beträgt 30 Mio. Euro. Davon gehören 28 Mio. Euro zum begünstigten Vermögen. Der Erwerber hat ein Eigenheim mit einem Wert von 1 Mio. Euro. Die Höhe der Steuer für die Übertragung des begünstigen Vermögens richtet sich nach dem verfügbaren Vermögen des Erwerbers. Dazu gehört nicht begünstigtes Vermögen i. H. v. 2 Mio. Euro, welches im Zuge der Schenkung des Einzelunternehmens auf ihn übergeht, und sein Eigenheim (Wert 1 Mio. Euro). Die Steuer für das begünstigte Vermögen beträgt demnach die Hälfte davon, d. h. 1,5 Mio. Euro. Die darüber hinausgehende Steuer auf das begünstigte Vermögen wird auf Antrag zunächst für einen Zeitraum von 10 Jahren gestundet und anschließend erlassen. Daneben unterliegt auch das nicht begünstigte Vermögen (2 Mio. Euro) der Besteuerung. In diesem Fall wäre eine Besteuerung nach dem Abschmelzmodell wohl günstiger.

Zu bedenken ist, dass der Erlass der Steuer unter auflösenden Bedingungen gewährt wird. Eine solche würde vorliegen, wenn der Erwerber innerhalb von zehn Jahren nach dem Zeitpunkt der Entstehung der Steuer weiteres Vermögen durch Schenkung oder von Todes wegen erhält, das verfügbares Vermögen darstellt (sog. Nacherwerb). Dies gilt im Übrigen auch dann, wenn der Erwerb von einer anderen Person erfolgt (z. B. weitere Schenkung von der Mutter).

Auch die Steuerbefreiungen nach dem Abschmelzmodell und der Erlass der Steuer nach der Verschonungsbedarfsprüfung stehen unter der sog. Behaltensfrist und Mindestlohnsummeregelung.

Dabei beträgt die **Mindestlohnsumme** grundsätzlich 400 % der Ausgangslohnsumme, ist aber auch von der Anzahl der Beschäftigten abhängig, die bei dem jeweiligen Unternehmen (Betrieb) arbeiten. So findet diese keine Anwendung, wenn die Ausgangslohnsumme des jeweiligen Betriebs 0 Euro beträgt oder dieser unter Einbeziehung von bestimmten Beteiligungen an anderen Unternehmen und deren Beschäftigten nicht mehr als fünf Beschäftigte hat. Bei Betrieben mit mehr als fünf, aber nicht mehr als zehn Beschäftigten beträgt die Mindestlohnsumme 250 %, mit mehr als zehn, aber nicht mehr als 15 Beschäftigten beträgt sie 300 %. Bei Inanspruchnahme der Options- bzw. Vollverschonung sind die Regelungen des § 13a Abs. 10 ErbStG zu beachten, die insbesondere eine Verlängerung der Behaltensfrist von fünf auf sieben Jahre sowie eine Erhöhung der Mindestlohnsumme und der Lohnsummenfrist von fünf auf sieben Jahre vorsehen. Bei Anwendung der sog. bzw. Optionsverschonung erhöhen sich die genannten Größen auf 500 %, 565 %, 700 %. In beiden Alternativen würde die Lohnsummenregelung keine Anwendung finden, wenn die Ausgangslohnsumme des jeweiligen Betriebs 0 Euro beträgt oder dieser unter Einbeziehung von bestimmten Beteiligungen und Gesellschaften sowie der nach Maßgabe dieser Bestimmung anteilig einzubeziehenden Beschäftigten nicht mehr als fünf Beschäftigte hat (sog. gestaffelte Mindestlohnsumme).

| **Mindestlohnsumme** | | |
|---|---|---|
| Arbeitnehmer | Regelverschonung (5 Jahre) | Optionsverschonung (7 Jahre) |
| 0 - 5 | 0 % | 0 % |
| 5 - 10 | 250 % | 500 % |
| 10 - 15 | 300 % | 565 % |
| > 15 | 400 % | 700 % |

Die **Ausgangslohnsumme** entspricht der durchschnittlichen Lohnsumme der letzten fünf, vor dem Zeitpunkt der Entstehung der Steuer endenden Wirtschaftsjahre. Sie umfasst alle Löhne, Gehälter, anderen Bezüge und Vorteile, die die Arbeitnehmer in dem maßgebenden Zeitraum erhalten haben. Es werden jedoch nur die Vergütungen berücksichtigt, die an ausschließlich oder überwiegend im Betrieb beschäftigte Arbeitnehmer gezahlt wurden. Unter die Vergütung fallen auch regelmäßig oder einmalig vom Arbeitgeber erbrachte Sach- und Geldleistungen. Zu den Löhnen und Gehältern zählen des Weiteren von den Beschäftigten zu entrichtende Sozialbeiträge, Einkommensteuern und Zuschlagsteuern – unabhängig davon, ob sie vom Arbeitgeber einbehalten und abgeführt wurden – sowie von den Beschäftigten empfangene Sondervergütungen, Prämien, Gratifikationen, Abfindungen, Zuschüsse zu Lebenshaltungskosten, Familienzulagen, Provisionen, Teilnehmergebühren und vergleichbare Vergütungen. In Konzernstrukturen werden auch die Lohnsummen von Gesellschaften anteilig berücksichtigt, an denen eine unmittelbare oder mittelbare Beteiligung im Betriebsvermögen gehalten wird. Voraussetzung ist jedoch, dass die Gesellschaften ihren Sitz oder ihre Geschäftsleitung im Inland oder in einem Mitgliedstaat der EU oder EWR haben. Bei Tochterkapitalgesellschaften muss es sich zusätzlich um eine unmittelbare oder mittelbare Beteiligung von mehr als 25 % handeln.

Sollte die Mindestlohnsumme innerhalb der Lohnsummenfrist **nicht erreicht werden**, entfällt der Verschonungsabschlag anteilig, soweit die Summe der maßgebenden jährlichen Lohnsummen innerhalb von fünf bzw. sieben Jahren (Lohnsummenfrist) nach dem Erwerb die Mindestlohnsumme unterschreitet. Insoweit würde die gewährte Steuerbefreiung entfallen. Der Erwerber ist verpflichtet, das Unterschreiten der Mindestlohnsumme dem für die Erbschaftsteuer zuständigen Finanzamt innerhalb von 6 Monaten nach Ablauf der Lohnsummenfrist von fünf bzw. sieben Jahren anzuzeigen.

Die **Behaltensregelung** sieht vor, dass bestimmte Vorgänge innerhalb der fünf- oder siebenjährigen Behaltensfrist einen Verstoß darstellen und zu einem Wegfall der Steuerbefreiung führen können. Dazu gehören typischer Weise die Veräußerung des erhaltenen Gewerbebetriebs oder Teilbetriebs, des Anteils an der Personengesellschaft oder des Anteils an der Kapitalgesellschaft. Dabei gilt als Veräußerung auch die Aufgabe eines Gewerbebetriebs, Teilbetriebs oder Mitunternehmeranteils sowie bei Kapitalgesellschaften auch die Eröffnung des Insolvenzverfahrens.

Eine Nachversteuerung erfolgt jedoch nicht, soweit eine **wirksame Reinvestition** des Veräußerungserlöses innerhalb der jeweils begünstigten Vermögensart erfolgt. I. d. R. muss dafür der erzielte Veräußerungserlös innerhalb von sechs Monaten reinvestiert werden (sog. Reinvestitionsklausel). Bei erfolgreicher Reinvestition gelten die Behaltensregelungen (insbesondere die Behaltensfrist) fort. Soweit das veräußerte Vermögen bislang in die Mindestlohnsumme einbezogen wurde, wird das Vermögen aus der Reinvestition auch in die Ermittlung der Mindestlohnsumme einbezogen. Kein Verstoß gegen die Behaltensfrist würde vorliegen, wenn das erhaltene Vermögen z. B. in eine Kapital- oder eine Personengesellschaft (§§ 20, 24 UmwStG) gegen Gewährung von Gesellschaftsanteilen übertragen wird. Auch eine formwechselnde Umwandlung, Verschmelzung oder Realteilung von Personengesellschaften würde keinen Verstoß darstellen, soweit der Realteiler nicht nur einzelne Wirtschaftsgüter erhält.

Ein Verstoß gegen die Behaltensregelung liegt jedoch vor, wenn eine, mehrere oder alle im Besteuerungszeitpunkt **wesentlichen Betriebsgrundlagen** eines Gewerbebetriebs veräußert oder in das Privatvermögen überführt oder anderen betriebsfremden Zwecken zugeführt werden. Vergleichbares gilt, wenn das land- und forstwirtschaftliche Vermögen und selbst bewirtschaftete Grundstücke veräußert werden oder das land- und forstwirtschaftliche Vermögen einem Betrieb der Land- und Forstwirtschaft nicht mehr dauernd zu dienen bestimmt ist, oder wenn der bisherige Betrieb innerhalb der Behaltensfrist als Stückländerei zu qualifizieren wäre oder Grundstücke nicht mehr selbst bewirtschaftet werden. Entsprechendes gilt, wenn es zu **Überentnahmen** kommt. So kommt es zu einer Nachversteuerung, wenn der Inhaber eines Gewerbebetriebs, der Gesellschafter einer gewerblichen Gesellschaft oder der persönlich haftende Gesellschafter einer Kommanditgesellschaft auf Aktien bis zum Ende des letzten in die Fünfjahresfrist fallenden Wirtschaftsjahres Entnahmen tätigt, die die Summe seiner Einlagen und der ihm zuzurechnenden Gewinne oder Gewinnanteile seit dem Erwerb um mehr als 150.000 Euro übersteigen; Verluste bleiben bei dieser Rechnung unberücksichtigt.

Hinsichtlich von **Anteilen an Kapitalgesellschaften** liegt ein Verstoß gegen die Behaltensregelung vor, wenn diese insgesamt oder anteilig veräußert oder verdeckt in eine andere Kapitalgesellschaft eingelegt werden. Gleiches gilt, wenn die Kapitalgesellschaft innerhalb der Frist aufgelöst oder ihr Nennkapital herabgesetzt wird, wenn diese wesentliche Betriebsgrundlagen veräußert und das Vermögen an die Gesellschafter verteilt wird. Zu beachten ist, dass auch die Aufhebung der Verfügungsbeschränkung oder der Stimmrechtsbündelung in den Fällen des § 13b Abs. 1 Nr. 3 Satz 2 ErbStG (sog. Poolvereinbarung) zu einem Verstoß gegen die Behaltensregelung führt, wenn dieser Vorgang innerhalb der sog. Behaltensfrist erfolgt. Auch hier unterbleibt eine Nachversteuerung, wenn eine entsprechende Reinvestition stattfindet. Dabei wird von einer rückwirkenden Besteuerung abgesehen, wenn der Veräußerungserlös innerhalb der begünstigungsfähigen Vermögensart verbleibt, also innerhalb von sechs Monaten in entsprechendes Vermögen investiert wird, das zum begünstigten Vermögen gehört.

Der Wegfall des Verschonungsabschlags erfolgt bei Verstoß gegen die Behaltensfrist nicht vollständig, sondern anteilig („soweit"). Der anteilige Wegfall des Verschonungsabschlages bezieht sich auf eine **zeitliche und eine gegenständliche**

**Komponente**, d. h. er beschränkt sich auf den Teil, der sich aus dem Verhältnis der im Zeitpunkt der schädlichen Verfügung verbleibenden Behaltensfrist einschließlich des Jahres, in dem die Verfügung erfolgt, zur gesamten Behaltensfrist ergibt. Das bedeutet z. B. im Falle der fünfjährigen Regelverschonung, dass nach einem schädlichen Ereignis nach drei Jahren der Verschonungsabschlag zu 2/5 (nach drei Jahren Verschonungszeit) wegfällt. Auch eine gegenständliche Beschränkung der Nachversteuerung kommt in Betracht, soweit nur für einen Anteil am begünstigten Vermögen aufgrund eines Verstoßes gegen die Behaltensregelung (z. B. Veräußerung einer wesentlichen Betriebsgrundlage) wegfällt. Durch den Wegfall der Verschonung erhöht sich die Bemessungsgrundlage und die Steuer wird neu festgesetzt. Von der Nachversteuerung wird lediglich dann abgesehen, wenn im Fall der Veräußerung des Gewerbebetriebes oder der begünstigten Anteile an Kapitalgesellschaften der Veräußerungserlös innerhalb der begünstigten Vermögensart verbleibt. Wird die Behaltensfrist nicht eingehalten, muss dies dem für die Erbschaftsteuer zuständigen Finanzamt innerhalb von einem Monat nach Verwirklichung des jeweiligen Tatbestandes mitgeteilt werden.

**Exkurs Ende: Zu den weiterführenden Ausführungen zur Steuerbefreiung für betriebliches Vermögen (§§ 13a ff. ErbStG)**

## 2.5 Ermittlung der Erbschaftsteuer

### 2.5.1 Steuerklassen

Das Erbschaftsteuer- und Schenkungsteuergesetz unterscheidet drei Steuerklassen (vgl. § 15 ErbStG). Die Einteilung in die Steuerklassen richtet sich nach dem persönlichen Verhältnis des Erwerbers zum Erblasser oder Schenker. Maßgebend ist das bestehende Abstammungs-, Verwandtschafts- und Schwägerschaftsverhältnis zum Erblasser oder Schenker im Zeitpunkt der Entstehung der Steuer. Dabei hat die Steuerklasse des Erwerbers u. a. Bedeutung für die Höhe der persönlichen und sachlichen Freibeträge, die Höhe des Steuersatzes und für die Begünstigung bei mehrfachem Erwerb desselben Vermögens. Daher ist die Höhe der Steuer nicht nur von der Höhe der Bereicherung des Erwerbers abhängig, sondern wesentlich auch von dessen Verwandtschaftsverhältnis zum Erblasser/Schenker. Unterschieden werden folgende Steuerklassen: Der Steuerklasse I werden Verwandte in gerader Linie, wie Ehegatten, Lebenspartner, Kinder und Stiefkinder und Abkömmlinge der Kinder und Stiefkinder zugeordnet. Beim Erwerb von Todes wegen gehören auch Eltern und Voreltern zur Steuerklasse I. In der Steuerklasse II werden im Wesentlichen Verwandte in der Seitenlinie, wie Geschwister und Abkömmlinge ersten Grades von Geschwistern (Nichten und Neffen), aber auch Nichtverwandte, wie Stiefeltern, Schwiegerkinder, Schwiegereltern und der geschiedene Ehegatte bzw. eingetragene Lebenspartner erfasst. Soweit nicht ein Erwerb von Todes wegen vorliegt, gehören auch die in gerader Linie verwandten Eltern und Voreltern zur Steuerklasse II. Der Steuerklasse III gehören schließlich alle übrigen Erwerber an. Hierzu zählen insbesondere juristische Personen, aber auch Verwandte wie Onkel und Tanten. Auch Zweckzuwendungen werden nach der Steuerklasse III besteuert.

Bei Eintritt der Nacherbfolge durch den Tod des Vorerben hat der Nacherbe abweichend vom Bürgerlichen Recht den Erwerb grundsätzlich als vom Vorerben – und nicht vom Erblasser – stammend zu versteuern. Dies kann nachteilig sein, wenn aufgrund des ungünstigeren Verwandtschaftsverhältnisses zum Vorerben eine höhere Steuer entstehen würde. Deshalb ist auf Antrag für die Versteuerung das Verhältnis des Nacherben zum Erblasser zugrunde zu legen. Für die Fälle des so genannten

Berliner Testaments gilt ebenso, dass nur auf Antrag das Verhältnis des Schlusserben zum zuerst verstorbenen Ehegatten oder Lebenspartner zugrunde zu legen ist, soweit dessen Vermögen beim Tod des „Überlebenden" noch vorhanden ist.

### 2.5.2 Steuersätze

Auch die Höhe der Steuersätze ist gestaffelt (Stufentarif) und berücksichtigt das persönliche Verhältnis der Beteiligten. So beträgt der Steuersatz in der Steuerklasse I zwischen 7 bis 30 %, in der Steuerklasse II zwischen 15 und 43 % und in der Steuerklasse III zwischen 30 und 50 % auf den steuerpflichtigen Erwerb. Darüber hinaus enthält das Gesetz weitere Sonderregelungen, wie z. B. einen Härteausgleich, eine Tarifbegünstigung beim Erwerb von Betriebsvermögen, von Betrieben der Land- und Forstwirtschaft und von Anteilen an Kapitalgesellschaften durch Erwerber der Steuerklasse II oder III sowie für den mehrfachen Erwerb desselben Vermögens. Auch kommt eine Anrechnung ausländischer Steuern in Betracht. Folgende Tabellen zeigen die Steuersätze und die Einteilung der Steuerklassen nach dem persönlichen Verhältnis des Erwerbers zum Erblasser oder Schenker.

| **Steuerpflichtiger Erwerb** | **Prozentsatz in der Steuerklasse** | | |
|---|---|---|---|
| | **I** | **II** | **III** |
| bis 75.000 Euro | 7 | 15 | 30 |
| bis 300.000 Euro | 11 | 20 | 30 |
| bis 600.000 Euro | 15 | 25 | 30 |
| bis 6.000.000 Euro | 19 | 30 | 30 |
| bis 13.000.000 Euro | 23 | 35 | 50 |
| bis 26.000.000 Euro | 27 | 40 | 50 |
| über 26.000.000 Euro | 30 | 43 | 50 |

| Persönliches Verhältnis des Erwerbers | Steuerklasse |
|---|---|
| ▪ Ehegatte und eingetragene Lebenspartner<br>▪ Kinder und Stiefkinder<br>▪ Abkömmlinge der Kinder/Stiefkinder<br>▪ Eltern und Voreltern bei Erwerben von Todes wegen | I |
| ▪ Eltern und Voreltern, soweit sie nicht zur Steuerklasse I gehören, Geschwister<br>▪ Abkömmlinge ersten Grades von Geschwistern<br>▪ Stiefeltern<br>▪ Schwiegerkinder<br>▪ Schwiegereltern<br>▪ Geschiedener Ehegatte und Lebenspartner einer aufgehobenen Lebenspartnerschaft | II |
| ▪ Übriger Erwerber und Zweckzuwendungen | III |

Zur Vermeidung sog. Härten aufgrund der Stufen des Tarifs sieht das Gesetz einen sog. **Härteausgleich** vor. Denn an den Grenzen der jeweiligen Wertstufen steigt die Steuerbelastung sprunghaft an. Dieser Effekt soll durch den Härteausgleich abgemildert werden. Dafür wird der Unterschied zwischen der normalen Steuer und der Steuer, die sich berechnen würde, wenn der Erwerb die letztvorhergehende Wertgrenze nicht überstiegen hätte, nur insoweit erhoben, als er bei einem Steuersatz von bis zu 30 % aus der Hälfte und bei einem Steuersatz über 30 % aus drei Vierteln des die Wertgrenze übersteigenden Betrages ermittelt werden kann.

Darüber hinaus sieht das Gesetz eine **Tarifbegünstigung** beim Erwerb von Betriebsvermögen, von Betrieben der Land- und Forstwirtschaft und von Anteilen an Kapitalgesellschaften durch Erwerber der Steuerklasse II oder III vor. Im Ergebnis wird das begünstigte Vermögen bei den Erwerbern der Steuerklasse II und III nach dem Tarif der Steuerklasse I besteuert. Die Tarifbegünstigung kann jedoch nicht in Anspruch genommen werden, soweit der Erwerber das Betriebsvermögen auf einen Miterben oder Dritten überträgt oder gegen die Behaltensregeln verstößt. Diese Besteuerung wird erreicht, indem zunächst die Steuer nach der tatsächlichen Steuerklasse ermittelt wird und von dieser tariflichen Steuer dann ein Entlastungsbetrag abgezogen wird.

Auch für den **mehrfachen Erwerb desselben Vermögens** sieht das Gesetz eine Ermäßigung vor. Diese Ermäßigung kommt zur Anwendung, wenn Personen der Steuerklasse I von Todes wegen Vermögen, das in den letzten zehn Jahren vor dem Erwerb bereits von Personen dieser Steuerklasse erworben worden ist und für das eine Steuer zu erheben war, erhalten. Dann ermäßigt sich die Steuer je nach dem Zeitraum zwischen dem Letzterwerb und dem Vorerwerb um 10 bis 50 %. Je kürzer der Zeitabstand, umso höher ist die Entlastung. Die Ermäßigung soll eine ungerechtfertigte und unerwünscht hohe erbschaftsteuerliche Belastung im engsten Familienkreis vermeiden.

**Beispiel**

Vermögen wird vom Vater auf die Tochter übertragen, kurze Zeit später verstirbt die Tochter und das Vermögen wird auf deren Sohn, d. h. den Enkel des zuerst Verstorbenen, übertragen. Damit unterliegt dasselbe Vermögen in kürzester Zeit mehrfach der Besteuerung mit der Steuerklasse I.

Die Ermäßigung ist nicht im Falle von Schenkungen, sondern nur bei Erwerben von Todes wegen anzuwenden.

Soweit die Erbschaftsteuer auf den Erwerb von Betriebs- oder land- und forstwirtschaftlichem Vermögen entfällt, kann sie auf Antrag bis zu sieben Jahre gestundet werden, wenn dies zum Erhalt des Betriebes notwendig ist (vgl. § 28 ErbStG). Diese **Stundungsmöglichkeit** besteht auch für den Erwerb vermieteter bzw. selbst genutzter Wohnimmobilien.

## 2.6 Weitere Steuerfolgen der Übertragung von Immobilien zu Lebzeiten oder Erwerb von Todes wegen

Durch Erbfälle und Schenkungen können neben Erbschaftsteuer auch **weitere Steuerfolgen** ausgelöst werden. Diese Wechselwirkungen sollten im Idealfall bereits im Rahmen einer Nachfolgeplanung bedacht werden, damit diese verhindert werden können.

**Typische Fallstricke** sind, dass die Übertragung von Anteilen an einer Kapitalgesellschaft auf eine nicht im Inland unbeschränkt steuerpflichtige Person eine **Wegzugsbesteuerung nach § 6 AStG** auslösen kann und es im Zuge der Nachfolgeregelungen zu einer **Entstrickung von betrieblichem Vermögen** kommt, durch welche eine Besteuerung ausgelöst wird. Zu denken ist hier insbesondere an die Entstrickung von Sonderbetriebsvermögen und die Beendigung einer Betriebsaufspaltung.

**Beispiel**

A ist Gesellschafter (Mitunternehmer) der A-KG, welcher er ein Grundstück zur Nutzung überlässt. Dieses gehört bislang zu seinem Sonderbetriebsvermögen. Nun bestimmt A, dass das Grundstück auf seine Ehefrau, die Beteiligung an der Gesellschaft auf seinen Sohn übertragen wird. Dadurch kommt es zu einer Entstrickung des Grundstückes. Die darin enthaltenen stillen Reserven sind aufzudecken. Für die Übertragung des Grundstückes kommt keine Steuerbefreiung für betriebliches Vermögen in Betracht.

Zudem können weitere Steuerfolgen stets durch die **notwendige Finanzierung der Steuer** ausgelöst werden, wenn dafür Vermögen veräußert werden muss, welches steuerlich verstrickt ist.

**Beispiel**

B erbt zwei vermietete Grundstücke, welche A erst vor wenigen Jahren angeschafft hat. Für die Zahlung der Erbschaftsteuer und weiterer Verbindlichkeiten (z. B. Pflichtteile) muss B ein Grundstück veräußern. Die aufgedeckten stillen Reserven unterliegen der Besteuerung mit Einkommensteuer, weil die Spekulationsfrist noch nicht abgelaufen ist.

Weitere Gefahren für das Familienvermögen können aus der fehlenden **Abstimmung von Testamenten und Gesellschaftsverträgen** drohen, wodurch Steuerzahlungen ausgelöst werden können.

**Beispiel**

B ist an der AB-KG beteiligt. Der Gesellschaftsvertrag sieht eine qualifizierte Nachfolgeklausel vor. Nach dieser dürfen nur leibliche Nachkommen Gesellschafter werden. B hat seine Ehefrau als Alleinerbin eingesetzt. Da die Ehefrau nach dem Tod des A nicht Gesellschafterin werden kann, scheidet aus steuerlicher Sicht noch der Verstorbene aus der Gesellschaft gegen Abfindung aus. Die Abfindung unterschreitet den Verkehrswert der Beteiligung. Die Abfindung unterliegt der Besteuerung mit Einkommensteuer. Zudem ist sie Gegenstand des Erwerbs der Ehefrau. Eine Steuerbefreiung für betriebliches Vermögen kommt für diese nicht in Betracht. Eine Anrechnung der Erbschaftsteuer auf die Einkommensteuer ist möglich.

Auch aufgrund der **gesellschaftsvertraglichen Nachfolgeregelungen** bei Personengesellschaften können sich Steuerfolgen ergeben. Hier ist zu unterscheiden, in welcher Gestalt eine solche beschränkende Nachfolgeklausel vorliegt:

- Bei der **Fortsetzungsklausel** wird kein Erbe Gesellschafter, denn die Gesellschaft wird nur mit den verbleibenden Gesellschaftern fortgesetzt. Die Erben erhalten nur einen Abfindungsanspruch, der jedoch als begünstigter Veräußerungsgewinn des Erblassers zu versteuern ist. Das Gleiche gilt, wenn der Alleinerbe sein Eintrittsrecht nicht ausübt.

- Die **Übernahmeklausel** räumt den verbleibenden Gesellschaftern ein Übernahmerecht des Anteils des Erblassers ein. Zunächst jedoch geht der Gesellschaftsanteil auf die Erben über, die somit zumindest vorübergehend in die Gesellschaft eintreten. Üben die Altgesellschafter ihr Übernahmewahlrecht aus, so gilt dies als Veräußerung des Mitunternehmeranteils durch die Erben. Die Erben realisieren in ihrer Person einen Veräußerungsgewinn.
- Bei der **qualifizierten Nachfolgeklausel** wird die Gesellschaft nur mit den berufenen Miterben nach dem Gesellschaftsvertrag fortgeführt, auf welche der Anteil durch Sondererbfolge unverändert übergeht. Die anderen Miterben erlangen lediglich einen erbrechtlichen Wertausgleichsanspruch gegen die qualifizierten Miterben, aber keinen Abfindungsanspruch gegen die Gesellschaft. Steuerlich erwirbt der qualifizierte Erbe den Mitunternehmeranteil unentgeltlich und hat die Buchwerte des Erblassers fortzuführen. Daraus folgt, dass Wertausgleichszahlungen der qualifizierten Erben nicht zu Anschaffungskosten bei den Begünstigten führen. Die Finanzierung solcher Ausgleichszahlungen führt lediglich zu Privatschulden, deren Zinsaufwand nicht als Betriebsausgabe abzusetzen ist. Steht die qualifizierte Nachfolge im Zusammenhang mit Sonderbetriebsvermögen, so ist zu beachten, dass das Sonderbetriebsvermögen zivilrechtlich auf die Erbengemeinschaft als Ganzes übergeht, d. h. es bleibt nur in Höhe der Erbquote des qualifizierten Erben Betriebsvermögen, soweit es auf die übrigen Erben entfällt, wird das Sonderbetriebsvermögen zu notwendigem Privatvermögen. Es kommt zu einer Entstrickung. Dabei wird diese Entnahme noch dem Erblasser als laufender Entnahmegewinn zugerechnet. Der Entnahmegewinn unterliegt nicht der Gewerbesteuer.

Zudem kann durch eine Übertragung von Vermögen auch ausnahmsweise **Grunderwerbsteuer** entstehen. Im Grundsatz gilt aber, dass Übertragungen von Vermögen, welche der Erbschaft- und der Schenkungsteuer unterfallen, von der Grunderwerbsteuer befreit sind. Dies gilt auch, soweit es aufgrund der Übertragung von Anteilen an Kapitalgesellschaften oder Personengesellschaften zu einer Anteilsvereinigung oder einem wesentlichen Wechsel der Gesellschafter kommen sollte.

**Beispiel**

A schenkt seiner Nichte ein Grundstück. Da diese Übertragung des Grundstücks durch Schenkung erfolgt, unterliegt dieser Erwerb der Schenkungsteuer. Grunderwerbsteuer fällt nicht an, auch wenn keine Schenkungsteuer (z. B. aufgrund von Steuerbefreiungen) anfallen sollte.

Soweit jedoch keine Schenkung vorliegt, kann Grunderwerbsteuer anfallen. Diese würde nur dann nicht anfallen, wenn eine andere Steuerbefreiung (z. B. bei Übertragungen zwischen Ehegatten/eingetragenen Lebenspartnern oder zwischen Personen, die in gerader Linie miteinander verwandt sind), greift.

**Beispiel**

A schenkt seiner Nichte ein Grundstück unter Nießbrauchsvorbehalt. Da diese Übertragung des Grundstücks lediglich anteilig durch Schenkung erfolgt, unterliegt dieser Erwerb nur anteilig der Schenkungsteuer. Für den entgeltlichen Teil der Übertragung fällt Grunderwerbsteuer an.

## 2.7 Steuerfolgen des Erbfalls und Besteuerung und Auseinandersetzung der Erbengemeinschaft

Soweit mehrere Personen Erben werden, bilden diese eine sog. **Erbengemeinschaft**. Hier ist zwischen dem Erbfall und der Erbauseinandersetzung zu unterscheiden. Es handelt sich um selbstständige Vorgänge.

Durch den Erbfall geht das Vermögen auf die Erben über. Dabei ist der Erbfall stets ein **unentgeltlicher Vorgang**. Das bedeutet, dass Schulden des Erblassers, Auflagen und Vermächtnisse keine Anschaffungskosten für die Übernahme des Erbes darstellen. Ein Verlustabzug des Erblassers geht grundsätzlich nicht auf die Erben über. Eine Ausnahme gilt für Verluste, die einkunftsbezogen (wie z. B. § 15a EStG) sind, wenn die Verluste den Erben wirtschaftlich belasten. Daher löst der Erbfall im

Grundsatz keine Besteuerung mit Einkommensteuer aus, wenn es nicht aufgrund der Vermögensübertragung zu Wechselwirkungen kommt (z. B. zu einer Entstrickung von Vermögen bei Beendigung einer Betriebsaufspaltung). Sollte ein Einzelunternehmen Teil des Nachlasses sein oder folgen alle Erben in den Anteil einer Personengesellschaft nach, werden alle Miterben Mitunternehmer. Sie können das Unternehmen/den Anteil fortführen oder liquidieren. Dementsprechend erhalten die Erben gemäß ihren Erbquoten laufende gewerbliche Einkünfte oder begünstigte Aufgabegewinne kraft eigener mitunternehmerischer Betätigung.

Andere Einkünfte der Erbengemeinschaft, z. B. solche aus Vermietung und Verpachtung, werden durch das Vorliegen gewerblicher Einkünfte nicht gewerblich infiziert. Insoweit kann eine Erbengemeinschaft – anders als Personengesellschaften – mehrere Einkunftsarten erzielen.

Auch die **Auseinandersetzung der Erbengemeinschaft** kann Steuerfolgen auslösen. Hier ist zu unterscheiden, ob die jeweilige Auseinandersetzung aus steuerlicher Sicht entgeltlich oder unentgeltlich erfolgt. Eine unentgeltliche Auseinandersetzung liegt vor, wenn sie durch bloße Aufteilung des Nachlasses bewirkt werden kann. Jeder Erbe tritt dann bezüglich der ihm zugewiesenen Vermögensgegenstände in die Rechtsposition des Erblassers ein. Hier gelten die Grundsätze über die Auseinandersetzung einer Personengesellschaft („Realteilung ohne Spitzenausgleich"). Daraus folgt, dass durch den Erwerb von Wirtschaftsgütern nach Realteilungsgrundsätzen bei einer bloßen Aufteilung keine Anschaffungs- und Veräußerungsvorgänge verursacht werden. Eine Teilungsanordnung hat weder eine rechtlich bindende Funktion für die Erbauseinandersetzung noch bewirkt sie bereits eine besondere zivilrechtliche Zuordnung von Gegenständen. Deshalb gehen auch bei einer Teilungsanordnung zunächst alle Nachlassgegenstände auf die Erbengemeinschaft über und nicht einzelne Nachlassgegenstände unmittelbar auf denjenigen Miterben, der sie aufgrund der Teilungsanordnung erhalten soll. Verhalten sich die Miterben jedoch bereits vor der Auseinandersetzung entsprechend der Teilungsanordnung, ist dies auch steuerrechtlich anzuerkennen, solange die tatsächliche Auseinandersetzung innerhalb einer sich an den Umständen des Einzelfalls orientierenden Frist vorgenommen wird. Diese Einzelfallfrist kann durchaus länger sein als die grundsätzlich anerkannte Rückwirkungsfrist von 6 Monaten. Diese Rückwirkung gilt jedoch nicht für die Zuordnung des Vermögensgegenstandes, sondern lediglich für die Zuordnung der laufenden Einkünfte, sodass ein Durchgangserwerb für die Erbengemeinschaft immer gegeben ist. Wird zwischen den Erben eine Ausgleichszahlung aus eigenem Vermögen geleistet, ein so genannter Spitzenausgleich, so handelt es sich um entgeltliche Anschaffungs- und Veräußerungsvorgänge. Sollte die Realteilung hingegen mit Spitzenausgleich erfolgen, liegt ein entgeltlicher Vorgang vor. Ein solcher wäre gegeben, wenn im Rahmen einer Erbauseinandersetzung ein Nachlass real geteilt wird und ein Miterbe wertmäßig mehr erhält, als ihm nach seiner Erbquote zusteht und er für dieses Mehr an seine Miterben eine Abfindung (aus seinem Vermögen außerhalb des Nachlasses) zahlt. Der Realteilung mit Spitzenausgleich wird der Veräußerung des Nachlasses, der Veräußerung eines Erbteils oder dem Ausscheiden aus der Erbengemeinschaft gegen Abfindung gleichgestellt. Daher liegen dann Veräußerungs- und Anschaffungsvorgänge vor. Die Abfindungszahlung führt zu Anschaffungskosten und derjenige, der die Abfindung erhält, erzielt einen Veräußerungserlös, der ggf. zu versteuern ist. Soweit diese Gewinne auf die Veräußerung von Privatvermögen entfallen, sind sie im Regelfall nicht steuerpflichtig. Ausnahmen bilden hier die Spekulationsgewinnbesteuerung, die Veräußerung von wesentlichen Beteiligungen an Kapitalgesellschaften und die Veräußerung von bestimmten GmbH-Anteilen. Dabei handelt es sich um einen teilentgeltlichen Erwerb, sodass ggf. für die erworbenen Wirtschaftsgüter, z. B. vermietete Immobilien, eine zweite Abschreibungsreihe zu eröffnen ist. Soweit Betriebsvermögen veräußert wird, liegt insoweit ein steuerpflichtiger Veräußerungserlös vor. Dabei ist der Vorgang der Realteilung in zwei rechtlich selbstständige Vorgänge aufzuteilen, von denen der eine unentgeltlich und der andere (aufgrund des Spitzenausgleichs) entgeltlich ist.

Sollte die Erbengemeinschaft Vermächtnisse, Pflichtteilsansprüche oder Erbersatzansprüche auseinandersetzen, sind dies unentgeltliche Vorgänge, soweit der Vermächtnisnehmer für die vermachten Gegenstände keine Gegenleistung zu erbringen hat. Erhält ein Vermächtnisnehmer jedoch einzelne Wirtschaftsgüter aus übergegangenen Betrieben oder Teilbetrieben, entsteht ein etwaiger Entnahmegewinn bei der Erbengemeinschaft. Die Erfüllung eines Sachvermächtnisses über einen Betrieb, Teilbetrieb oder Mitunternehmeranteil stellt auch keine Entnahme oder Veräußerung für die Erbengemeinschaft dar. Der Vermächtnisnehmer ist an die Buchwerte der Erbengemeinschaft gebunden. Erbringt der Vermächtnisnehmer hingegen eine Gegenleistung, liegt ein entgeltlicher Vorgang vor.

Diese Grundsätze dürften nach dem aktuellen Urteil des BFH vom 26.09.2023[1] nicht mehr uneingeschränkt gelten. Mit diesem hat der BFH entschieden, dass der Erwerb eines Anteils an einer Erbengemeinschaft, zu deren Vermögen eine Immobilie gehört, nicht der Anschaffung einer Immobilie gleichzusetzen ist. § 23 Abs. 1 Satz 4 EStG findet auf die Erbengemeinschaft keine entsprechende Anwendung. Die anschließende Veräußerung der Immobilie durch den Erben löst damit nicht zwangsläufig eine Besteuerung nach § 23 EStG aus, da hier kein Erwerb stattfindet, durch welchen die sogenannte Spekulationsfrist neu zu laufen beginnt. Dieses Urteil betrifft aber zunächst nur den Fall, bei welchem ein Anteil an der Erbengemeinschaft erworben und anschließend eine Immobilie aus dem Nachlass veräußert wird. Es betrifft aber nicht die Steuerfolgen, die bei Veräußerung von Gegenständen des Nachlasses durch die Erbengemeinschaft selbst oder der Auseinandersetzung des Nachlasses mit Abfindungszahlung bislang gelten. Auch hat der BFH hier keine Aussage dazu gemacht, ob und inwieweit es hier zu Steuerfolgen bei demjenigen kommt, der den Anteil an der Erbengemeinschaft veräußert. Offen ist auch, ob überhaupt und wenn ja, in welcher Form, die Anschaffungskosten für den erworbenen Anteil an der Erbengemeinschaft steuerlich geltend gemacht werden können. Da der BFH mit dieser Entscheidung zugleich der Auffassung der Finanzverwaltung widersprochen hat, muss die Reaktion der Finanzverwaltung auf dieses Urteil abgewartet werden.

---

[1] BFH-Urteil vom 26.09.2023, IX R 13/22.

## 2.8 Steuergestaltung nach dem Todesfall

Nach dem Tod einer Person verbleiben nur wenige Möglichkeiten für eine Steuergestaltung bei der Erbschaftsteuer. Eine der wenigen Möglichkeiten ist die Ausschlagung des Erbes nach § 1943 BGB (unter Beachtung der Frist nach § 1944 BGB von lediglich sechs Wochen). In Betracht könnte diese Möglichkeit gezogen werden, wenn das Vermögen auf mehrere Personen (insbesondere die Kinder) übertragen werden soll, die Eheleute sich jedoch gegenseitig als Alleinerben eingesetzt haben. Sofern der überlebende Ehegatte davon Gebrauch macht, kann er seinen Pflichtteil und/oder Zugewinnausgleichsanspruch (auch teilweise) geltend machen, so dass z. B. die persönlichen Freibeträge und der Freibetrag für den Zugewinnausgleich in Anspruch genommen werden können. Daneben kann auch durch die (teilweise) Geltendmachung von Pflichtteilen die Erbschaftsteuer reduziert werden, weil das Vermögen auf mehrere Personen übertragen wird und z. B. die persönlichen Freibeträge ausgeschöpft werden. Als Alternative können auch Abfindungen für die Nichtgeltendmachung von solchen Pflichtteilsansprüchen vereinbart werden. Diese gelten steuerlich betrachtet als Erwerb von Todes wegen von dem Verstorbenen.

**Beispiel**

Die Eheleute A und B haben ein Berliner Testament vereinbart, Schlusserben sind die gemeinsamen Kinder. Als A verstirbt, ist B der Meinung, dass die gemeinsamen Kinder auch etwas bekommen sollten. Sie könnten z. B. ihren Pflichtteil geltend machen oder eine Abfindung für die Nichtgeltendmachung erhalten. Alternativ könnte B auch auf sein Erbe verzichten und gegenüber den Kindern als Erben seinen Pflichtteil und/oder seinen tatsächlichen Zugewinnausgleich geltend machen.

## 2.9 Besonderheiten bei grenzüberschreitenden Sachverhalten

Schenkungen und Erbschaften weisen immer häufiger auch einen Auslandsbezug auf. Dies ist zum Beispiel der Fall, wenn einer der Beteiligten (Schenker/Beschenkte, Erblasser/Erbe) im Ausland ansässig ist oder das übertragene Vermögen (z. B. eine Ferienimmobilie) im Ausland belegen ist. In solchen Fällen können durch die Schenkung oder den Erwerb von Todes wegen die Besteuerungsrechte mehrerer Staaten eröffnet sein. Hier gilt die Besonderheit zu berücksichtigen, dass für die Begründung der unbeschränkten Steuerpflicht in vielen Staaten entweder der Schenker oder Beschenkte bzw. Erblasser oder Erbe ansässig sein muss, weswegen bei Ansässigkeit in unterschiedlichen Staaten jedenfalls die Besteuerungsrechte zweier Staaten eröffnet sein können. Weitere Besteuerungsrechte können sich auch allein aufgrund der Staatsangehörigkeit ergeben. Daher sollten in allen Fällen mit Auslandsbezug stets die steuerlichen Pflichten in den beteiligten Staaten geprüft werden.

**Beispiel**

A lebt als türkischer Staatsangehöriger in Deutschland. Er überträgt seine in Spanien belegene Immobilie an seinen Sohn, der in Österreich lebt. Hier sind die Besteuerungsrechte in Spanien (Belegenheit der Immobilie), der Türkei (aufgrund der Staatsangehörigkeit), in Österreich (aufgrund der Ansässigkeit des Beschenkten) und Deutschland (aufgrund der Ansässigkeit des Schenkers) zu prüfen.

Zu bedenken ist dabei, dass die Staaten teilweise sehr unterschiedliche Regelungen vorsehen, zudem erheben einige Staaten **keine Schenkung- und/oder Erbschaftsteuer (wie z. B. Österreich)**. Dabei kann es auch zur Doppelbesteuerung kommen oder eine **Wegzugsbesteuerung nach § 6 AStG** in Deutschland ausgelöst werden.

**Beispiel**

Zudem verschenkt A seine Anteile an der A-GmbH mit Sitz im Inland an seinen Sohn. Durch diese Schenkung wird eine Wegzugsbesteuerung nach § 6 AStG ausgelöst, weil der Beschenkte nicht in Deutschland ansässig ist. Eine Stundung der Steuer ist unter Sicherheitsleistung zu prüfen.

# 3 Rechtliche Gestaltungsüberlegungen

Die Nachfolgeplanung im Zusammenhang mit Immobilien ist stark von den rechtlichen Rahmenbedingungen abhängig, welche mit einer Nachfolge verbunden sind. Dies zeigt sich bereits an der Rechtsfigur der Erbengemeinschaft, die vom Gesetzgeber zivilrechtlich als Gesamthandsgemeinschaft ausgestaltet wurde. Demnach können mehrere Miterben nur gemeinschaftlich über eine Immobilie verfügen. Das einzelne Mitglied einer Erbengemeinschaft kann also nicht eigenmächtig über die Immobilie verfügen (§ 2033 Abs. 2 BGB). Zu berücksichtigen sind neben erbrechtlichen auch gesellschaftsrechtliche Aspekte, wenn Personen- oder Kapitalgesellschaften involviert sind. Die Übereinstimmung der gesellschaftsvertraglichen Bestimmungen mit dem Erbrecht ist Voraussetzung für einen reibungslosen Übergang von Gesellschaftsanteilen.

## 3.1 Erbrechtliche Aspekte

Die erbrechtlichen Aspekte bestimmen darüber, was im Todesfall des Eigentümers mit einer Immobilie geschieht. Wer wird im Grundbuch eingetragen? Muss der neue oder die neuen Eigentümer Ansprüche abwehren, beispielsweise Pflichtteilsansprüche? Sind Verbindlichkeiten grundbuchrechtlich abgesichert? Soweit Vermögen bereits zu Lebzeiten unter Berücksichtigung der gesetzlichen Erbfolge übertragen wird, liegt eine sog. vorweggenommene Erbfolge vor. Sie kann entgeltlich in Form einer Schenkung oder auch teilentgeltlich als sogenannte gemischte Schenkung erfolgen.

### 3.1.1 Überblick

Das deutsche Erbrecht ist im **5. Buch des Bürgerlichen Gesetzbuches** geregelt (§ 1922 bis § 2385 BGB). Dieses ist geprägt von dem Grundsatz der Gesamtrechtsnachfolge. Danach geht das Vermögen einer Person mit seinem Ableben in seiner Gesamtheit auf den oder die Erben als Nachfolger über. Dadurch treten der oder die Erben vollumfänglich in die vermögensrechtliche Stellung des Verstorbenen, genannt Erblasser, ein. Von dem Vermögensübergang umfasst sind alle Aktiva und Passiva, also Vermögenswerte und Verbindlichkeiten des Erblassers. Alle Pflichten und Rechte gehen auf den oder die Erben über. Eine Beschränkung auf einzelne Gegenstände ist nicht möglich.

**Erben** können einerseits Menschen als sogenannte natürliche Personen sein. Voraussetzung für eine natürliche Person als Erbe ist, dass sie im Zeitpunkt des Erbfalls lebt bzw. jedenfalls gezeugt ist. Aber auch juristische Personen wie beispielsweise eingetragene Vereine (e.V.), Stiftungen, Aktiengesellschaften (AG), Gesellschaften mit beschränkter Haftung (GmbH), Kommanditgesellschaften auf Aktien (KGaA) und eingetragene Genossenschaften können Erbe werden.

Die Erbschaft fällt mit dem Erbfall an. Einer Mitwirkung der Erben bedarf es nicht. Der Erbe kann die Erbschaft jedoch ausschlagen. Eine **Ausschlagung** kann sinnvoll sein, wenn mit der Erbschaft ein unerwünschter Vermögensübergang oder lästige Verpflichtungen wie beispielsweise Tilgung einer umfangreichen Schuldenlast verbunden sind. Für die Ausschlagung der Erbschaft gilt eine Frist von 6 Wochen nach Kenntnis von der Erbschaft oder im Fall des Bestehens einer Verfügung von Todes wegen ab dem Zeitpunkt der Zustellung der Eröffnungsniederschrift durch das Nachlassgericht.

Einer Annahme der Erbschaft bedarf es hingegen nicht. Die Erbschaft fällt stattdessen von selbst dem berufenen Erben an, ohne dass es seiner Kenntnis oder einer Annahmeerklärung bedarf (Vonselbsterwerb).

Die **Annahmeerklärung** hat lediglich den Zweck, aus dem vorläufigen Erben vor Ablauf der Ausschlagungsfrist den endgültigen zu machen. Nach der Annahme ist nämlich eine Ausschlagung der Erbschaft nicht mehr möglich. Die Annahme kann auch ohne ausdrückliche Erklärung durch schlüssiges Verhalten erfolgen, indem beispielsweise der Nachlass in Besitz genommen wird oder Handlungen vorgenommen werden, die einen Vertretungswillen nicht erkennen lassen. In Ausnahmefällen kann sowohl die ausdrückliche Annahmeerklärung als auch die Annahme durch schlüssiges Verhalten rückwirkend angefochten werden, wenn sich der Annehmende über eine verkehrswesentliche Eigenschaft des Nachlasses geirrt hat. Dazu kann auch eine Überschuldung des Nachlasses gehören, was jedoch auf die Umstände des Einzelfalles ankommt.

### 3.1.2 Gesetzliche Erbfolge

Im Erbrecht gilt die rechtlich anerkannte **Verwandtschaft**. Dabei sind Personen miteinander verwandt, die in gerader Linie oder in der Seitenlinie von einer Person abstammen. Die Reihenfolge der zu berücksichtigenden gesetzlichen Erben bestimmt sich nach einem Ordnungssystem. Dabei schließt eine höhere Ordnung das Erbrecht einer niedrigeren Ordnung aus. Insgesamt kennt das Erbrecht fünf Ordnungen, in welche Erben kategorisiert werden. Innerhalb dieser Ordnungen werden sogenannte Stämme unterschieden. Jeder Abkömmling bildet einen Stamm. Dabei schließt ein zur Zeit des Erbfalls lebender Abkömmling die durch ihn mit dem Erblasser verwandten Abkömmlinge von der Erbfolge aus (Repräsentationsprinzip). An die Stelle eines zur Zeit des Erbfalls nicht mehr lebenden Abkömmlings treten die durch ihn mit dem Erblasser verwandten Abkömmlinge (Eintrittsrecht).

Zu den Verwandten der **ersten Ordnung** gehören die Abkömmlinge des Erblassers, also die mit ihm in gerade absteigender Linie verwandten Personen (Kinder, Enkel, Urenkel etc.). Adoptivkinder stehen leiblichen Kindern gleich.

**Beispiel**

Die (unverheiratete) Erblasserin hatte drei Kinder: A, B und C, von denen zurzeit ihres Todes nur noch C lebt. Die Kinder B und C haben jeweils drei Kinder, A ist ohne Kinder verstorben. Nach der gesetzlichen Erbfolge erben die drei Kinder (A, B und C) grundsätzlich zu gleichen Teilen, also zu je einem Drittel. Kind A kommt jedoch als Erbe nicht mehr in Betracht, weil er bereits verstorben ist und keine Kinder hinterlassen hat. Dementsprechend erhöhen sich die Erbanteile von B und C um den Anteil von A auf je 1/2. Da B bereits verstorben ist, rücken dessen Kinder an seine Stelle, sie erben jeweils zu 1/6. C erbt zu 1/2, da er seinen Stamm repräsentiert und als lebender Abkömmling der Erblasserin die nachfolgenden Abkömmlinge von der Erbfolge ausschließt.

Erben **zweiter Ordnung** sind die Eltern des Erblassers und deren Abkömmlinge. Die Eltern erben allein und zu gleichen Teilen, sofern sie zur Zeit des Erbfalles noch leben. Lebt zur Zeit des Erbfalles ein Elternteil nicht mehr, treten an seine Stelle seine Abkömmlinge (Geschwister des Erblassers) entsprechend der für die Beerbung in der ersten Ordnung geltenden Vorschriften.

Zu gesetzlichen Erben **dritter Ordnung** gehören die vier Großeltern des Erblassers und deren Abkömmlinge. Großeltern erben allein und zu gleichen Teilen, also zu je 1/4. Sind Großeltern vor dem Erblasser verstorben, werden sie durch ihre Abkömmlinge (also Onkel und Tante des Erblassers und deren Kinder) ersetzt.

Zu den gesetzlichen Erben der **vierten Ordnung** gehören die Urgroßeltern des Erblassers und deren Abkömmlinge. Die Urgroßeltern erben allein. Sind mehrere Urgroßeltern vorhanden, erben sie zu gleichen Teilen, ohne Unterschied, ob sie derselben Linie oder verschiedenen Linien angehören. Abweichend von der ersten bis dritten Ordnung gilt innerhalb der vierten und in entfernteren Ordnungen das Gradualsystem. Nach dem Gradualsystem werden die Erben nach ihrem Verwandtschaftsgrad zum Erblasser berücksichtigt.

Ist zur Zeit des Erbfalls kein Verwandter oder Ehegatte des Erblassers vorhanden oder lässt sich keiner ermitteln, ist der **Staat** gesetzlicher Erbe. Entsprechendes gilt auch, wenn alle Erben das Erbe ausschlagen. Der Staat kann das Erbe nicht ausschlagen.

## 3.1.3 Gesetzliches Erbrecht des Ehepartners

Neben den Verwandten hat auch der Ehegatte (bzw. eingetragene Lebenspartner) ein gesetzliches Erbrecht. Voraussetzung ist, dass die Ehegatten bis zum Zeitpunkt des Erbfalls in gültiger Ehe gelebt haben. Die Erbquote des überlebenden Ehegatten bestimmt sich zum einen danach, welcher Ordnung die Verwandten angehören, die neben dem Ehegatten gesetzliche Erben geworden sind. So erbt der überlebende Ehegatte neben Erben der ersten Ordnung unabhängig vom Güterstand zu 1/4 und ist neben Erben der zweiten Ordnung oder neben Großeltern zur Hälfte der Erbschaft als gesetzlicher Erbe berufen. Besonderheiten gelten für den Fall, dass neben Großeltern auch Abkömmlinge von Großeltern des Erblassers vorhanden sind. Hinterlässt der Erblasser weder Verwandte der ersten oder der zweiten Ordnung noch Großeltern, wird der überlebende Ehegatte Alleinerbe.

Darüber hinaus hat der **Güterstand,** in welchem die Ehegatten im Zeitpunkt des Ablebens des Erblassers lebten, Einfluss auf die Erbquote des überlebenden Ehegatten.

Sofern keine notariell beurkundungspflichtige ehevertragliche Regelung zum **Güterstand** erfolgt ist, leben Ehegatten im gesetzlichen Güterstand der Zugewinngemeinschaft. Ihr liegt das Verständnis zugrunde, dass die jeweiligen Vermögen der Eheleute getrennt voneinander bleiben, jedoch für während der Ehezeit erwirtschaftetes Vermögen ein paritätischer Ausgleich erfolgt – allerdings lediglich in Form eines Zahlungsanspruchs.

- Leben die Ehegatten im ehevertraglich vereinbarten Güterstand der **Gütertrennung**, finden die erwähnten Regelungen des gesetzlichen Erbrechts des Ehegatten Anwendung. Ergänzend hierzu werden jedoch der überlebende Ehegatte und jedes Kind zu gleichen Teilen Erben, wenn neben dem überlebenden Ehegatten ein oder zwei Kinder des Erblassers als gesetzliche Erben berufen sind. Sind drei oder mehr Kinder vorhanden, erben der Ehegatte zu 1/4 und die Kinder die restlichen 3/4 zu gleichen Teilen.
- Im Fall des Bestehens der ehevertraglich vereinbarten Gütergemeinschaft im Zeitpunkt des Ablebens des Erblassers gelten für die Erbfolge und die Höhe der Erbteile die allgemeinen Vorschriften. Es gelten die oben dargestellten Regelungen.
- Leben die Ehegatten im gesetzlichen Güterstand der **Zugewinngemeinschaft**, erhöht sich der gesetzliche Erbteil des überlebenden Ehegatten um 1/4 der Erbschaft. Bei diesem **erbrechtlichen Zugewinnausgleich** erfolgt die Durchführung des Zugewinnausgleichs durch die pauschale Erhöhung der Ehegatten-Erb-

quote. Alternativ hierzu kann der überlebende Ehegatte den **güterrechtlichen Zugewinnausgleichsanspruch** verlangen, vorausgesetzt er ist weder Erbe noch Vermächtnisnehmer geworden. Dieser Anspruch richtet sich gegen die Erben des verstorbenen Ehegatten und ist für diese eine Nachlassverbindlichkeit.

Zusammengefasst lassen sich die **Erbquoten des überlebenden Ehegatten** unter Berücksichtigung der Ordnung der gesetzlichen Erben und des Güterstandes in folgender Matrix darstellen.

| | **Zugewinngemeinschaft** | | **Gütertrennung** | | **Gütergemeinschaft** |
|---|---|---|---|---|---|
| **1. Ordnung** | 1/4 + 1/4 | 1 Kind 1/2 | 2 Kinder 1/3 | mehr als 2 Kinder 1/4 | 1/4 |
| **2. Ordnung** | 1/2 + 1/4 | | 1/2 | 1/2 | 1/2 |
| **Großeltern** | 1/2 + 1/4 | | 1/2 | 1/2 | 1/2 |
| **Fernere Ordnungen** | Alleinerbe | | Alleinerbe | | Alleinerbe |

Der gesetzliche Erbe hat bei der gesetzlichen Erbfolge über seine Erbquote hinausgehend Anspruch auf zum ehelichen Haushalt gehörende Gegenstände als Voraus.

## 3.1.4 Gewillkürte Erbfolge

### 3.1.4.1 Übersicht

Abweichend von der gesetzlichen Erbfolge kann die Nachfolge auch im Rahmen der **gewillkürten Erbfolge** geregelt werden. Damit hat die jeweilige Person die Möglichkeit Individualregelungen zu treffen, die den Besonderheiten der Lebensumstände gerecht werden. Voraussetzung ist, dass die jeweilige Person testierfähig ist. Die Testierfähigkeit ist eine besondere Form der Geschäftsfähigkeit und geht in der Regel mit dieser einher. Volljährige sind nur dann nicht testierfähig, wenn sie nicht über die geistigen Kapazitäten verfügen, die Konsequenz ihres Tuns zu überblicken. Minderjährige sind dann testierfähig, wenn sie das 16. Lebensjahr vollendet haben. Bis zur Volljährigkeit kann das Testament allerdings nur durch eine Erklärung gegenüber einem Notar errichtet werden, § 2233 Abs. 1 BGB. Die Zustimmung des gesetzlichen Vertreters, im Regelfall die Eltern, ist nicht erforderlich, 2229 Abs. 2 BGB. Zudem besteht der Grundsatz der persönlichen Errichtung. Dies bedeutet, dass Verfügungen von Todes wegen nur vom Erblasser persönlich errichtet werden. Dabei hat der Erblasser die durch das Gesetz vorgegebenen Gestaltungsmöglichkeiten und Formerfordernisse anzuwenden (Typenzwang). Wichtige Instrumentarien sind das Testament, der Erbvertrag, die Teilungsanordnung, die Testamentsvollstreckung, das Vermächtnis, die Auflage und die Vor- und Nacherbfolge.

Die getroffenen Regelungen (gewillkürte Erbfolge) gehen der gesetzlichen Erbfolge voraus. Einschränkungen bestehen jedoch aufgrund der sog. Pflichtteilsrechte der gesetzlichen Erben. Pflichtteilsansprüche können nur in Ausnahmefällen abgewehrt werden. Eine rechtsgeschäftliche Vereinbarung zu Lebzeiten des Erblassers ist indes möglich.

#### 3.1.4.2 Erbrechtliche Instrumentarien

Dem Erblasser steht eine Reihe von Gestaltungsmöglichkeiten im Rahmen der gewillkürten Erbfolge zur Verfügung. Dabei werden zunächst die Arten letztwilliger Verfügungen unterschieden:

- **Testament (§ 1937 BGB)**: Durch eine sog. letztwillige Verfügung (Testament) bestimmt der Erblasser einseitig über sein Vermögen, indem er festlegt, wer Erbe sein soll. Das Testament kann entweder zur Niederschrift eines Notars oder als eigenhändiges Testament errichtet werden. Das eigenhändige Testament muss zwingend vom Erblasser handgeschrieben und unterschrieben werden. Zudem soll er in der Erklärung angeben, zu welcher Zeit und an welchem Ort er das Testament niedergeschrieben hat. Die Datumsangabe ist von Bedeutung, wenn nach Ableben des Erblassers mehrere eigenhändige Testamente aufgefunden werden. In diesem Fall besitzt grundsätzlich das jüngste Testament Gültigkeit. Grundsätzlich können die Bestimmungen eines solchen Testaments jederzeit geändert, widerrufen oder vernichtet werden. Eine Vielzahl bei Erbfall vorhandener Testamente birgt eine erhöhte Gefahr von Unklarheiten und Beweisproblemen, die häufig Streitpotential mit sich bringen. Es empfiehlt sich vor Verfassen eines neuen Testaments, das vorherige ganz oder teilweise ausdrücklich zu widerrufen. Eine erhöhte Sicherheit bezüglich Authentizität und Zeitpunkt der Errichtung kann durch den Abschluss eines Erbvertrags, die Errichtung eines öffentlichen Testaments oder die Abgabe eines handschriftlichen Testaments in besondere amtliche Verwahrung erreicht werden. Zwar verursachen notariell beurkundete letztwillige Verfügungen gerade bei größeren Vermögen nicht unerhebliche Kosten, was insbesondere bei häufigen Änderungen von Bedeutung sein kann. Allerdings kann ein öffentliches Testament oder ein Erbvertrag im Rahmen der Nachlassabwicklung die Beantragung eines Erbscheins entbehrlich machen. Die Erteilung eines Erbscheins ist mit Kosten verbunden, die grundsätzlich den Notargebühren des Einzeltestaments entsprechen.

Der Widerruf oder die Änderung des Testaments ist jederzeit möglich. Der Widerruf erfolgt durch Verfassen ein neues Testaments oder durch Vernichtung des bestehenden Testaments. Auch ein Widerruf des Widerrufs ist möglich. In diesem Fall lebt die ursprüngliche Verfügung wieder auf.

In der Praxis kommt es häufig vor, dass Ehegatten ein **gemeinschaftliches Testament** verfassen. Diese Testierform steht auch eingetragenen Lebenspartnern offen, nicht jedoch Partnern einer nichtehelichen Lebensgemeinschaft. Für die Errichtung des gemeinschaftlichen Testaments ist es ausreichend, wenn einer der Ehegatten das Testament eigenhändig schreibt und unterschreibt und der andere Ehegatte die gemeinschaftliche Erklärung mitunterzeichnet. Das gemeinschaftliche Testament findet in der Praxis dann Anwendung, wenn die Ehegatten ihre letztwilligen Verfügungen gemeinsam festlegen wollen. Dabei kommt sogenannten wechselbezüglichen Verfügungen eine besondere Bedeutung zu. **Wechselbezügliche Verfügungen** liegen vor, wenn davon auszugehen ist, dass die Verfügung des einen Ehepartners nicht ohne die Verfügung des anderen Ehepartners getroffen sein würde. Das bedeutet, dass eine Verfügung mit Rücksicht auf die Verfügung des anderen Ehepartners vorgenommen worden ist und dadurch eine gegenseitige Abhängigkeit von Verfügungen entstanden ist. Die Verfügungen sollen miteinander „stehen und fallen". Sind derartige wechselbezügliche Verfügungen in einem gemeinschaftlichen Testament enthalten, können diese zu Lebzeiten der Ehegatten nur gemeinsam oder einseitig durch notariell beurkundete Erklärung, die förmlich zugestellt werden muss, widerrufen werden. Der Widerruf einer wechselbezüglichen Verfügung hat zur Folge, dass die andere Verfügung unwirksam ist. Nach dem Ableben eines Ehegatten ist der Widerruf einer wechselbezüglichen Verfügung nicht mehr möglich. Es tritt Bindungswirkung ein.

Die Wahl der Form einer letztwilligen Verfügung gilt es genau abzuwägen. Für eine eigenhändige Errichtung sprechen Kostengründe und größere Flexibilität bei nachträglichen Abänderungen. Bei im Nachhinein auftretenden Zweifeln an der Testierfähigkeit und der Vermeidung mehrdeutiger Formulierungen kann ein notariell beurkundetes Testament vorzugswürdig sein. Generell gilt: Keine letztwillige Verfügung ohne vorherigen Rechtsrat.

Auch sollte bei (größeren) Immobilienvermögen ein Steuerberater hinzugezogen werden, da so steuerlichen Risiken aufgezeigt werden können und die Nachfolgeplanung optimiert werden kann.

- **Erbvertrag**: Anders als das Testament ist der Erbvertrag ein Rechtsgeschäft, bei dem mindestens zwei Personen beteiligt sind und aufgrund dessen der Erblasser zugunsten des oder der Vertragspartner bindende Verfügungen von Todes wegen trifft. Der Erbvertrag bedarf der notariellen Beurkundung. Dementsprechend können auch Verfügungen im Erbvertrag, die bindende Wirkung haben, nur unter Mitwirkung der betroffenen Person und unter Wahrung der notariellen Form widerrufen werden. Der Erbvertrag findet in der Praxis häufig dann Anwendung, wenn auch die Kinder in die Erbfolgeregelung mit einbezogen werden sollen. Dabei werden häufig auch Erbteils- und Pflichtteilsverzichtserklärungen von Erben verknüpft.
- **Vermächtnis**: Durch ein Vermächtnis kann der Erblasser einem anderen einen Vermögensvorteil zuwenden, ohne ihn als Erben einzusetzen. Aufgrund des Vermächtnisses erlangt der Vermächtnisnehmer einen schuldrechtlichen Anspruch gegen den Erben auf Leistung des vermachten Gegenstandes. Der Vermächtnisanspruch entsteht mit dem Erbfall. Gegenstand eines Vermächtnisses kann jeder Vermögensvorteil sein (z. B. Geld, Immobilien, Beteiligungen an Unternehmen, aber auch die antike Uhr, ein Reitpferd, gesellschaftsrechtliche Ansprüche,

Mietverhältnisse oder Nießbrauchsrechte). Es ist auch möglich, einem Erben ein Vermächtnis zuzuwenden. In diesem Fall ist der Erbe gleichzeitig Vermächtnisnehmer.

- **Teilungsanordnungen** finden in der Praxis dann Anwendung, wenn der Erblasser durch letztwillige Verfügung Anordnungen für die Auseinandersetzung der Erbengemeinschaft trifft und darin bestimmte Nachlassgegenstände bestimmten Erben zuweist. Sinn und Zweck von Teilungsanordnungen ist die Vermeidung eines Auseinandersetzungsstreites zwischen den einzelnen Miterben. Durch die Zuweisung einzelner Vermögensgegenstände an einzelne Miterben können besondere Fähigkeiten der Erben oder persönliche Interessen berücksichtigt werden.

**Beispiel**

Das Grundstück erhält der Erbe, der Bauunternehmer ist; das Wertpapiervermögen erhält der Erbe, der Vermögensverwalter ist; die Antiquitäten erhält der Erbe, der Kunsthändler ist.

Die **Teilungsanordnungen** sind von einem Vermächtnis abzugrenzen, weil diese nicht in die Erbquote eingreifen. Etwas anderes gilt im Falle eines sog. **Vorausvermächtnisses**. Durch dieses erhält der Erbe zusätzlich zu seinem Erbteil einen Gegenstand quasi vorab zugewendet. In erbschaftsteuerlicher Hinsicht ist zu beachten, dass die Sonderregelungen für Teilungsanordnungen und freie Erbauseinandersetzungen bei den Steuerbefreiungen zu einer Änderung der Bemessungsgrundlage und nicht zu einer Änderung der Zuordnung der Erwerbsgegenstände beim einzelnen Erben führen.

- Der Erblasser hat die Möglichkeit, den Erben oder einen Vermächtnisnehmer durch eine **Auflage** zu einer Leistung zu verpflichten, ohne einem anderen ein Recht auf die Leistung zuzuwenden. Damit ist die Auflage keine Zuwendung, sondern erlegt dem Beschwerten bestimmte Verhaltens- oder Unterlassungspflichten auf. Beispiele einer Auflage können sein die Pflege der Grabstätte, die Pflege von Tieren, die Pflege einer Kunstsammlung, das Verbot, ein Gemälde zu veräußern oder einen Mietvertrag zu kündigen. Mit dieser Gestaltungsmaßnahme kann der Erblasser wirtschaftliche oder ideelle Ziele über seinen Tod hinaus verfolgen und festlegen. Allerdings sollte darauf geachtet werden, die Erben oder Vermächtnisnehmer nicht zu sehr zu beschweren, da die Lebensverhältnisse wandelbar sind und damit eine Auflage ihren ursprünglichen Zweck verlieren kann.

- Aufgrund der Bestimmung der **Testamentsvollstreckung** kann der Erblasser den Vollzug seiner letztwilligen Verfügungen sicherstellen. Die Testamentsvollstreckung wird häufig vorgesehen, wenn:

  - Die Nachlassverhältnisse unübersichtlich sind.
  - Zu befürchten ist, dass sich Erben und Vermächtnisnehmer bei der Auseinandersetzung nicht einigen.
  - Erben oder Vermächtnisnehmer (noch) nicht in der Lage sind, das Vermögen zu verwalten.

  Aufgabe des Testamentsvollstreckers ist es, die letztwilligen Verfügungen des Erblassers auszuführen.

  Unterschieden wird in der Praxis zwischen der **Abwicklungsvollstreckung** und **Verwaltungsvollstreckung**. Bei der Abwicklungsvollstreckung hat der Testamentsvollstrecker die Aufgabe, den Nachlass entsprechend den Anordnungen des Erblassers abzuwickeln und aufzuteilen. Dabei hat er Vermächtnisse und Auflagen zu erfüllen und die Auseinandersetzung der Erbengemeinschaft vorzunehmen. Demgegenüber dient die Verwaltungsvollstreckung der dauerhaften Verwaltung des Vermögens. Diese Verwaltung ist längstens für einen Zeitraum von 30 Jahren seit dem Erbfall zulässig. Häufig wird die Verwaltungsvollstreckung auch an einen bestimmten Zeitpunkt geknüpft (Erreichen eines bestimmten Lebensjahres des Erben, Volljährigkeit, Eheschließung eines Erben).

  Bei der Wahl des Testamentsvollstreckers ist darauf zu achten, auch einen Ersatztestamentsvollstrecker für den Fall vorzusehen, dass der benannte Testamentsvollstrecker nicht mehr zur Verfügung steht oder aber die Übernahme der Testamentsvollstreckung ablehnt. Grundsätzlich hat der Testamentsvollstrecker Anspruch auf eine angemessene Vergütung. Die Höhe der Vergütung richtet sich – sofern der Erblasser keine Regelung getroffen hat – nach dem Umfang und der Schwierigkeit der übernommenen Aufgabe. In der Praxis bietet es sich an, dass bereits der Erblasser eine Regelung hierzu trifft.

- Der Erblasser hat die Möglichkeit, über die Bestimmung von **Vor- und Nacherben** sein Vermögen zwei- oder mehrstufig zu übertragen. Im Falle seines Ablebens fällt der Nachlass zunächst dem Vorerben zu. Der Vorerbe ist für den Zeitraum der Vorerbschaft Eigentümer des Nachlasses und kann auch die Nutzungen daraus ziehen. Zum Zeitpunkt des als Nacherbfall definierten Ereignisses, beispielsweise das Ableben des Vorerben, fällt der Nachlass dem Nacherben zu. Der Nacherbe erbt vom Erblasser, nicht vom Vorerben. Grundsätzlich kann der Vorerbe über die zum Nachlass gehörenden Gegenstände verfügen. Allerdings schränkt das Gesetz diesen Grundsatz zum Schutz des Nacherben durch Verfügungsbeschränkungen ein, von denen der Erblasser den Vorerben befreien kann. Bei Eintritt des Nacherbfalls ist der Vorerbe jedoch verpflichtet, dem Nacherben die Erbschaft einschließlich der Surrogate herauszugeben.

  Die Anordnung einer Vor- und Nacherbfolge sollte dann in Erwägung gezogen werden, wenn beispielsweise Zielvorstellung des Erblassers ist, seinen überlebenden Ehegatten abzusichern, gleichzeitig jedoch dafür Sorge zu tragen, dass das Vermögen anschließend an seine Abkömmlinge übergehen wird. Die Zwei- oder Mehrstufigkeit der Vermögensnachfolge im Rahmen der Vor- und Nacherbschaft bietet sich auch in Pachtworkfamilien an.

#### 3.1.4.3 Pflichtteilsrechte

Das Pflichtteilsrecht (§ 2303 BGB) beschränkt die Testierfreiheit jedenfalls wirtschaftlich, weil der Pflichtteilsanspruch von pflichtteilsberechtigten Personen durch das Testament nicht ausgeschlossen werden kann. Durch das gesetzlich geregelte Pflichtteilsrecht sollen die pflichtteilsberechtigten Personen geschützt werden, wenn sie von der Erbfolge durch eine letztwillige Verfügung (nicht kraft Gesetzes!) ausgeschlossen oder ihnen nicht mindestens in Höhe der Pflichtteilsquote Vermögensgegenstände aus dem Nachlass zur freien Verfügung zugewiesen werden.

Pflichtteilsberechtigt sind die Abkömmlinge des Erblassers sowie dessen Eltern und sein Ehegatte. Der Pflichtteilsanspruch besteht in der Hälfte des Wertes des gesetzlichen Erbteils. Dieser schuldrechtliche Zahlungsanspruch besteht gegen die Erben. Bei ihnen stellt er eine Nachlassverbindlichkeit dar.

**Beispiel**

A bestimmt testamentarisch, dass seine Ehefrau Alleinerbin werden soll. Aufgrund dieses Testaments sind die Kinder von A enterbt. Die zwei Kinder von A können ihren Pflichtteil geltend machen. Der Pflichtteil beträgt die Hälfte des gesetzlichen Erbteils (hier, sofern die Ehegatten im Güterstand der Zugewinngemeinschaft gelebt haben, je 1/8). Hätte A kein Testament verfasst, würde die gesetzliche Erbfolge greifen, so dass auch die Kinder Erben wären. Es entstünde eine Erbengemeinschaft.

Wurde der Nachlass durch lebzeitige Schenkungen des Erblassers reduziert, können die Pflichtteilsberechtigten nach § 2325 BGB einen sog. **Pflichtteilsergänzungsanspruch** geltend machen. Der verschenkte Gegenstand wird fiktiv zum Nachlass hinzugerechnet. Dabei wird die Schenkung gem. § 2325 Abs. 3 BGB innerhalb von zehn Jahren zeitanteilig berücksichtigt. Bei Schenkungen an Ehegatten beginnt die Frist erst mit Beendigung der Ehe. Ansonsten ist Fristbeginn der Leistungserfolg; bei Immobilien also mit der Umschreibung im Grundbuch. Dies gilt jedoch nur dann, wenn der Erblasser nicht nur seine Rechtsstellung als Eigentümer endgültig aufgibt, sondern auch darauf verzichtet, die Immobilie im Wesentlichen weiterhin zu nutzen. Behält er sich also beispielsweise bei der Schenkung einer **Immobilie** den **Nießbrauch** uneingeschränkt vor, gibt er die Immobilie nicht auf, weshalb keine „Leistung" im Sinne der Norm vorliegt. In der Praxis wird oft versucht, dieses Problem durch die Einräumung eines **Wohnrechts** an einem Teil der Immobilie zu lösen. Hier ist jedoch bei der individuellen vertraglichen Ausgestaltung Vorsicht geboten. Ein zu großzügig ausgestaltetes Wohnrecht kann ebenfalls den Fristbeginn verhindern.

## 3.1.5 Güterstand der Eheleute

Der Güterstand entscheidet über die Zuordnung des Vermögens und nimmt darüber hinaus Einfluss auf die Höhe der gesetzlichen Erbquote des Ehepartners (bzw. eingetragenen Lebenspartners). Genaue Kenntnis über Vor- und Nachteile der Güterstände ist für eine zuverlässige Nachfolgeplanung unabdingbar. Das Gesetz gibt drei Güterstände vor: Zugewinngemeinschaft, Gütertrennung und Gütergemeinschaft. Sofern die Eheleute keine Vereinbarung treffen, leben sie im gesetzlichen Güterstand der Zugewinngemeinschaft. Eine zwischen Eheleuten getroffene Vereinbarung – klassischerweise ein Ehevertrag – bedarf der notariellen Beurkundung.

### 3.1.5.1 Zugewinngemeinschaft

Die Zugewinngemeinschaft ist der **gesetzliche Güterstand**. Hierbei werden Vermögen des Ehemannes und Vermögen der Ehefrau nicht zum gemeinschaftlichen Vermögen der Ehegatten, sondern das Vermögen jedes Ehepartners bleibt zivilrechtlich sein/ihr Vermögen. Allerdings ist ein während der Ehe erzielter Zugewinn auszugleichen, wenn die Zugewinngemeinschaft (z. B. durch Scheidung der Ehe oder Tod eines Ehepartners) **endet**. Erzielt einer der Eheleute während der Ehe einen höheren Zugewinn als der andere, hat er diesen Zugewinn auszugleichen. Der Ausgleich beträgt die Hälfte des erzielten (höheren) Zugewinns.

Die **Berechnung des Zugewinnes** erfolgt nach einem gesetzlich vorgegebenen Schema. Zugewinn ist der Betrag, um den das Endvermögen eines Ehegatten sein Anfangsvermögen übersteigt. Das Anfangsvermögen ist das Vermögen, das einem Ehegatten nach Abzug der Verbindlichkeiten beim Eintritt in den Güterstand, also bei Eheschließung, gehört. Dabei sind Verbindlichkeiten nicht nur bis zur Höhe des Aktivvermögens, sondern auch darüber hinaus abziehbar, demnach ist auch ein negatives Anfangsvermögen in den Zugewinnausgleich einzubeziehen. Endvermogen ist das Vermögen, das einem Ehegatten nach Abzug der Verbindlichkeiten bei Beendigung des Güterstandes gehört. So werden die erzielten Zugewinne der beiden Ehegatten berechnet und miteinander verglichen. Der von einem Ehegatten erzielte höhere Zugewinn ist derart zu übertragen, dass die Hälfte dieses Zugewinnüberschusses an den anderen Ehegatten auszugleichen ist.

Bei dieser **Zugewinnausgleichsforderung** handelt es sich um einen schuldrechtlichen Zahlungsanspruch gegen den ausgleichspflichtigen Ehegatten. Die Beendigung der Zugewinngemeinschaft kann durch ehevertragliche Aufhebung, Scheidung oder Tod eines Ehegatten erfolgen.

**Beispiel**

A und B haben beide kein Vermögen zu Beginn ihrer Ehe. Nunmehr ist A erfolgreiche Unternehmerin, zum Zeitpunkt der Scheidung hat das Unternehmen einen Wert von 2 Mio. Euro. B hat während der Ehe keinen Zugewinn erzielt. Da A einen höheren Zugewinn erzielt hat, ist B ausgleichsberechtigt. Der Anspruch beträgt die Hälfte des von A erzielten Zugewinns, d. h. hier 1 Mio. Euro.

In der **Praxis** wird die Zugewinngemeinschaft häufig durch einen Ehevertrag **modifiziert**. So kann z. B. vereinbart werden, dass die Zugewinngemeinschaft nur für den Fall der Beendigung des Güterstandes durch Tod Geltung erlangt, anderenfalls soll der Güterstand der Gütertrennung bestehen. Auch kann vereinbart werden, dass bestimmtes Vermögen, wie z. B. Unternehmen, Beteiligungen an Unternehmen, Familienvermögen, nicht in die Zugewinnausgleichsberechnung einbezogen werden. Typische Vereinbarungen sind die Deckelung der Zugewinnausgleichsforderung auf eine bestimmte Höhe, die Bestimmung einzelner Vermögensgegenstände, die nicht bei der Vermögensermittlung berücksichtigt werden sollen, die pauschale Festlegung des Wertes des Anfangsvermögens, die Festlegung des Anfangsvermögens zu einem Zeitpunkt, der nicht dem Beginn der Zugewinngemeinschaft entspricht, sowie voller Ausschluss des Zugewinnausgleichs im Falle der Beendigung der Zugewinngemeinschaft durch Scheidung.

Sollte die Ehe **nicht durch Scheidung** beendet werden, sondern durch **Tod eines Ehegatten**, ist zwischen dem erbrechtlichen Zugewinnausgleich und dem güterrechtlichen Zugewinnausgleich zu unterscheiden.

- Wird die Zugewinngemeinschaft durch den Tod eines Ehegatten beendet, wird der Ausgleich des Zugewinns dadurch verwirklicht, dass der gesetzliche Erbteil des überlebenden Ehegatten um 1/4 der Erbschaft erhöht wird (sog. erbrechtliche Lösung). Damit wird der Zugewinn pauschal abgegolten und zwar unabhängig davon, ob die **Ehegatten** tatsächlich einen Zugewinn erzielt haben oder nicht. Aufgrund dieser pauschalen Erhöhung der Erbquote des überlebenden Ehegatten vermindern sich die Erbquoten der anderen gesetzlichen Erben und damit auch etwaige Pflichtteilsansprüche.

- Der güterrechtliche Zugewinnausgleich erfolgt in den Fällen, in denen der überlebende Ehegatte weder Erbe wird noch ihm ein Vermächtnis zusteht oder die Erbschaft ausgeschlagen wird (sog. **güterrechtliche Lösung**).

**Beispiel**

A verstirbt. Im Rahmen der erbrechtlichen Lösung erhöht sich die Erbquote von B pauschal um 1/4. Damit wird ein möglicher Zugewinn pauschal abgegolten. Würde B neben zwei Kindern erben, würde seine Erbquote 1/2 betragen. Alternativ kann B den tatsächlichen Zugewinnausgleich geltend machen (hier 1 Mio. Euro) sowie darüber hinaus den kleinen Pflichtteil (1/8), sofern er weder Erbe noch Vermächtnisnehmer ist. Im vorliegenden Fall wäre die güterrechtliche Lösung für B von Vorteil.

#### 3.1.5.2 Gütertrennung

Die Ehegatten können den gesetzlichen Güterstand der Zugewinngemeinschaft durch notarielle Urkunde ausschließen oder aufheben und damit die Gütertrennung vereinbaren. Wie auch bei der Zugewinngemeinschaft stehen auch bei der Gütertrennung das Vermögen des Ehemannes und das Vermögen der Ehefrau getrennt nebeneinander. Bei Beendigung der Gütertrennung findet jedoch kein Vermögensausgleich zwischen den Ehegatten statt. Die Erbquote richtet sich nach der gesetzlichen Regelung.

**Beispiel**

A und B haben beide kein Vermögen zu Beginn ihrer Ehe. Nunmehr ist A erfolgreiche Unternehmerin, zum Zeitpunkt der Scheidung hat das Unternehmen einen Wert von 2 Mio. Euro. B hat während der Ehe keinen Zugewinn erzielt. Im Falle der Scheidung erfolgt kein Ausgleich, auch im Falle des Todes von A erhöht sich die Erbquote von B nicht. Diese beträgt neben zwei Kindern 1/3.

#### 3.1.5.3 Gütergemeinschaft

Aufgrund der Vereinbarung der Gütergemeinschaft durch Ehevertrag werden das Vermögen des Ehemannes und das Vermögen der Ehefrau gemeinschaftliches Vermögen beider Ehegatten (sog. Gesamtgut). Hierzu gehört auch das Vermögen, das ein Ehegatte während der Gütergemeinschaft erwirbt. Die Gütergemeinschaft endet durch den Tod eines Ehegatten. Der Anteil des verstorbenen Ehegatten am Gesamtgut fällt neben dem Vorbehalts- und Sondergut in seinen Nachlass. Die Vereinbarung der Gütergemeinschaft kann Schenkungsteuer auslösen, sofern es zu einer Übertragung von Vermögen kommt.

Dieser Güterstand hat in der Praxis praktisch keine Bedeutung.

### 3.1.6 Erbengemeinschaft

Mehrere Erben bilden eine sog. **Erbengemeinschaft**, diese entsteht kraft Gesetzes gem. den §§ 2032 ff. BGB. Die Erbengemeinschaft ist nicht rechtsfähig; Träger der Nachlassrechte und Schuldner der Nachlass- und weiterer Verbindlichkeiten (z. B. der Grundsteuer) sind damit die Erben gemeinsam. Im **Grundbuch** werden die Miterben als „in Erbengemeinschaft" eingetragen. Die Immobilien gehen als Gesamtheit auf die Erbengemeinschaft über und werden gemeinschaftliches Vermögen dieser Gemeinschaft, an welcher die Erben mit ihrer Erbquote beteiligt sind. Die Verfügungsbefugnis über einzelne Objekte erhält der Miterbe erst nach Auseinandersetzung der Miterbengemeinschaft.

Die Erbengemeinschaft ist vom Gesetz nicht auf Dauer angelegt, sondern als sog. **Liquiditätsgemeinschaft** ausgestaltet worden. Jeder Miterbe hat grundsätzlich einen Anspruch auf jederzeitige Auseinandersetzung der Miterbengemeinschaft (§ 2042 BGB). Etwas anderes gilt nur dann, wenn der Erbteil noch unbestimmt ist. Auch der Erblasser oder die Miterben selbst können die Auseinandersetzung komplett oder lediglich für einzelne Nachlassgegenstände ausschließen. Die Anordnung des Ausschlusses erfolgt sehr häufig zusammen mit der Einsetzung eines Testamentsvollstreckers, der die letztwilligen Verfügungen des Erblassers zur Ausführung zu bringen hat. Während der Ausschluss der Auseinandersetzung durch den Erblasser auf höchstens 30 Jahre befristet ist, ist der Ausschluss durch die Miterben zeitlich unbefristet möglich.

Zur Durchführung der **Auseinandersetzung** sind gem. § 2046 BGB zunächst die Nachlassverbindlichkeiten zu berichtigen. Der danach verbleibende Überschuss ist auf die Erben nach dem Verhältnis der Erbteile aufzuteilen. Wenn möglich, erfolgt die Teilung in Natur. Da bei Grundstücken allerdings eine Zerlegung in Anteile faktisch nicht möglich ist, hat hier der Verkauf zu erfolgen. Sollten sich die Miterben hierüber nicht einigen können, muss Verwertung in Form einer Teilungsversteigerung erfolgen. Diesbezüglich ist darauf hinzuweisen, dass der Erlös aus einer Teilungsversteigerung in der Regel mit erheblichen Abschlägen gegenüber dem freien Verkauf erfolgt. Die Miterben sollten daher in eigenem Interesse zu einer Einigung kommen.

Bis zu dieser Auseinandersetzung haften die Miterben als **Gesamtschuldner** gem. §§ 2058, 421 BGB für Nachlassverbindlichkeiten. Dabei haftet jeder Miterbe unbeschränkt und mit seinem gesamten Vermögen. Einem Gläubiger steht es also frei, sich lediglich an den Miterben zu wenden, von dem er am ehesten eine Zahlung erwarten kann. Weiter sind sie gemeinschaftlich für die laufende Instandhaltung (z. B. die Vermietung der Immobilie) verantwortlich (§ 2038 Abs. 1 S. 1 BGB). Hierbei ist es erforderlich, dass sich die einzelnen Miterben untereinander abstimmen (Einstimmigkeitsprinzip). Lediglich bei Verwaltungstätigkeiten, die keinen Aufschub erlauben (z. B. die Reparatur eines Sturmschadens) kann der einzelne Miterbe ohne vorherige Abstimmung allein handeln (§ 2038 Abs. 1 S. 2 BGB).

Nach der Auseinandersetzung der Erbengemeinschaft besteht weiterhin eine gesamtschuldnerische Haftung.

### 3.1.7 Vorweggenommene Erbfolge

Unter vorweggenommener Erbfolge ist die Vermögensübertragung des Erblassers zu Lebzeiten auf einen oder mehrere zukünftige Erben zu verstehen. Insoweit erfolgt ein Vorgriff auf die Erbfolge. Im Rahmen der Nachfolge im Zusammenhang mit Immobilien spielt die vorweggenommene Erbfolge eine erhebliche Rolle, da hierdurch nicht nur steuerliche Optimierungen vorgenommen werden können, sondern auch ein Interessenausgleich zwischen den Generationen erfolgen kann.

So erlangen die Erben frühzeitig die Möglichkeit Verantwortung für Vermögenswerte zu übernehmen, flankiert von der Begleitung durch den Erblasser. Auch kann bereits zu Lebzeiten die Zuteilung einzelner Objekte erfolgen, ohne dem Risiko der Erbausschlagung oder des Pflichtteilsverlangens ausgesetzt zu sein. Allerdings sind in diesem Zusammenhang möglicherweise Pflichtteilsergänzungsansprüche zu beachten.

Die vorweggenommene Erbfolge erleichtert die Planung des Vermögensübergangs. Es bleibt Raum für Überlegungen einer steuerlichen Optimierung. Durch Übertragung einer Einkommensquelle können Unterhaltslasten reduziert oder die finanzielle Versorgung des Schenkers sichergestellt werden.

#### 3.1.7.1 Die Schenkung ohne Vorbehalte

Den geringsten Grad an Komplexität weist die Schenkung einer Immobilie ohne die Vereinbarung eines Nießbrauchsvorbehaltes auf. Folge der Übertragung ist, dass sämtliche Mieteinnahmen dem Beschenkten zufließen und von diesem zu versteuern sind. Der Beschenkte ist nach Vollzuge der Schenkung auch für die Verwaltung und den Unterhalt der Immobilie verantwortlich.

Befindet sich die Immobilie im Eigentum eines im gesetzlichen Güterstand der Zugewinngemeinschaft lebendenden Ehegatten und besteht dessen Vermögen ausschließlich oder fast ausschließlich aus der zu übertragenden Immobilie, bedarf die Übertragung gem. § 1365 Abs. 1 S. 1 BGB der **Einwilligung des anderen Ehe-**

**gatten**. Hierbei handelt es sich um ein absolutes Verfügungsverbot, da der Gesetzgeber den Familienschutz höher wertet als den Verkehrsschutz. Ein gutgläubiger Erwerb eines Dritten, der nichts von dem Verfügungsverbot wusste, ist somit nicht möglich.

Die Vor- und Nachteile einer einfachen Schenkung sind gegeneinander abzuwägen. Durch die vollständige Weggabe einer Immobile stehen dem Schenker z. B. auch Mieteinkünfte nicht mehr zu, was zu Liquiditätsproblemen des Schenkers führen kann. Auch sind Liquiditätszuflüsse an noch junge oder gar minderjährige Beschenkte oftmals nicht gewünscht, abgesehen von den weggefallenen Nutzungsvorteilen des mietfreien Wohnens.

#### 3.1.7.2 Die Schenkung unter Nießbrauchsvorbehalt

Um die vorbenannten Nachteile zu beseitigen, ist die Auflage des Nießbrauches ein weit verbreitetes und gerne genutztes Instrument. Ein eingeräumter Nießbrauch kann zudem die Höhe der Schenkungsteuer reduzieren, da der kapitalisierte Nießbrauch vom Wert der Immobilie als Verbindlichkeit abgezogen wird und damit die schenkungsteuerliche Bemessungsgrundlage reduziert.

Die Bestellung des Nießbrauchs ist grundsätzlich formfrei möglich. Im Zusammenhang mit einer formbedürftigen Schenkung, also der Übertragung von Immobilien, ergibt sich jedoch eine Beurkundungspflicht. Der Nießbrauch ist unvererblich, erlischt also zwingend mit dem Tod des Nießbrauchers (§ 1061 BGB) oder durch Aufhebung.

Nießbrauch bedeutet zivilrechtlich **Fruchtziehung**. Die Immobilie wird in der Weise belastet, dass derjenige, zu dessen Gunsten die Belastung erfolgt (Nießbraucher), berechtigt ist, sämtliche Nutzungen der Immobilie zu ziehen (§ 1030 Abs. 1 BGB), also insbesondere die Immobilie selbst zu nutzen oder sie zu vermieten.

Der Nießbraucher ist weiter zum Besitz der Immobilie berechtigt und ist für den **Erhalt des wirtschaftlichen Bestandes** verantwortlich (§ 1041 S. 1 BGB), ohne aber dabei die Immobilie umzugestalten oder wesentlich zu verändern (§ 1037 Abs. 1 BGB). **Ausbesserungen** und **Erneuerungen** obliegen ihm nur insoweit, als sie zu der **gewöhnlichen Unterhaltung** gehören (§ 1041 S. 2 BGB). Hierzu gehören beispielsweise laufende Reparaturen, nicht jedoch die vollständige **Sanierung des Daches**. Der Nießbraucher tritt in bestehende **Mietverhältnisse** gem. § 567 BGB ein. Für bestehende Mietverhältnisse ergeben sich somit keinerlei Änderungen. Der Eigentümer hingegen besitzt lediglich die Substanz.

Der Gesetzgeber lässt durch § 1030 Abs. 2 BGB **unterschiedliche Ausgestaltungen** des Nießbrauches zu. So ist es beispielsweise möglich, zu regeln, wer die Lasten der Immobilie trägt; auch eine komplette Entbindung von der Lastentragung ist möglich oder die Übertragung weiterer Lasten (z. B. die Sanierung des kompletten Daches im Bedarfsfall). In der Praxis haben sich hier zwei Ausgestaltungen durchgesetzt: Beim sog. **Vorbehaltsnießbrauch** überträgt der Schenker die Substanz und behält sich ein Nutzungs- und Ertragsrecht vor. Beim sog. **Zuwendungsnießbrauch** behält der Schenker hingegen die Substanz und wendet einem Dritten (z. B. einem Kind) das Nießbrauchsrecht zu.

## 3.2 Gesellschaftsrechtliche Aspekte

Sofern der Unternehmer an einem (Immobilien-)unternehmen in der Rechtsform einer Kapital- oder Personengesellschaft beteiligt ist, bestimmen sich die Regelungen bei Ableben des Unternehmers nicht ausschließlich nach dem Testament oder der gesetzlichen Erbfolge, sondern auch nach dem Gesellschaftsrecht. Es ist zwischen den genannten Rechtsformen zu unterscheiden. Dabei ist besonders darauf zu achten, dass die Regelungen im jeweiligen Gesellschaftsvertrag und der Verfügung von Todes wegen (z. B. Testament) miteinander übereinstimmen. Denn hier gilt, dass das „Gesellschaftsrecht das Erbrecht schlägt“, d. h. die Regelung in dem jeweiligen Gesellschaftsvertrag Vorrang hat. Daher ist jedem Gesellschafter zu empfehlen, Testamente mit den gesellschaftsrechtlichen Nachfolgeregelungen abzugleichen und ggf. Anpassungen vorzunehmen.

### 3.2.1 Nachfolge bei Einzelunternehmen

Das Zivilrecht geht davon aus, dass ein Einzelunternehmen als Gesamtheit aller Aktiva und Passiva vererblich ist. Wird ein zum Nachlass gehörendes Einzelunternehmen von Erben fortgeführt, haftet der Erbe grundsätzlich für die früheren Geschäftsverbindlichkeiten des Erblassers unbeschränkt, aber beschränkbar. Es besteht also die

Möglichkeit die Haftung auf den Nachlass zu beschränken. Eine weitergehende Haftung besteht allerdings, wenn der Erbe das Handelsgeschäft unter der bisherigen Firma weiterführt. Diese unbeschränkte Haftung kann er nur verhindern, wenn der Erbe die Fortführung des Geschäfts vor Ablauf von drei Monaten nach dem Zeitpunkt, in welchem er von dem Anfall der Erbschaft Kenntnis erlangt hat, einstellt (§ 27 Abs. 2 HGB). Dies bedeutet, dass der Erbe sich innerhalb der gesetzten Frist von den einzelunternehmerisch eingesetzten Vermögensgegenständen trennen muss. Eine andere Möglichkeit, die unbeschränkte Haftung auszuschließen, besteht in einer im Handelsregister einzutragenden und bekanntzumachenden Mitteilung des Erben.

### 3.2.2 Nachfolge bei Personengesellschaften

Bei einer Gesellschaft bürgerlichen Rechts (GbR) sieht das Gesetz in § 727 Abs. 1 BGB vor, dass diese Gesellschaft bei Tod eines Gesellschafters aufgelöst wird, sofern nicht im Gesellschaftsvertrag etwas Abweichendes geregelt wurde. Grund dieser Regelung ist, dass bei dieser Gesellschaftsform der persönlichen Zusammenarbeit der Gesellschafter eine besondere Bedeutung zukommt. Nach dem gesetzlichen Regelfall führt das Ableben eines persönlich haftenden Gesellschafters einer offenen Handelsgesellschaft (OHG) hingegen nicht zur Auflösung der Gesellschaft, sondern zum Ausscheiden des Erblassers aus der Gesellschaft und Fortsetzung der Gesellschaft. Abweichende Regelungen können im Gesellschaftsvertrag vorgenommen werden und sind insbesondere bei **Immobilien-Familiengesellschaften** sehr sinnvoll, da Zweck dieser hauptsächlich darin besteht, das Familienvermögen – unabhängig vom Gesellschafterbestand – langfristig zu erhalten. Typische **Nachfolgeklauseln** bei Personengesellschaften sind:

- Eine **Fortsetzungsklausel** liegt vor, wenn im Gesellschaftsvertrag geregelt ist, dass im Fall des Ablebens des Gesellschafters die Gesellschaft mit den verbleibenden Gesellschaftern fortgeführt wird. Der verstorbene Gesellschafter scheidet im Zeitpunkt seines Todes aus der Gesellschaft aus. Damit erlischt gleichzeitig sein personengesellschaftsrechtliches Mitgliedschaftsrecht. Seine Beteiligung wächst den anderen Gesellschaftern an. Die Erben erhalten einen Anspruch auf ein Abfindungsguthaben, wie er für den Fall der Auflösung der Gesellschaft entstehen würde, sowie einen Anspruch auf eine Befreiung von den Gesellschaftsverbindlichkeiten. In der Praxis werden häufig Regelungen vereinbart, die den Abfindungsanspruch beschränken. Die Beschränkung kann in der wertmäßigen Begrenzung der Höhe des Abfindungsanspruches liegen. Üblich sind auch Regelungen, wonach der Abfindungsanspruch nicht sofort zur Zahlung fällig ist, sondern über einen längeren Zeitraum in Raten ausgezahlt wird (z. B. über drei bis fünf Jahre).

- Die Vereinbarung der **einfachen Nachfolgeklausel** führt dazu, dass die Gesellschaft mit allen Erben des Verstorbenen fortgeführt wird. Ist eine Vielzahl von Erben vorhanden, sollte darüber nachgedacht werden, in den Gesellschaftsvertrag eine Vertreterklausel aufzunehmen, wonach die Erben hinsichtlich der Ausübung ihrer Mitgliedsrechte verpflichtet werden, einen gemeinsamen Vertreter zu bestellen, der die Interessen der Erben in Gesellschafterversammlungen repräsentiert.
- In der Praxis am häufigsten verwendet wird die **qualifizierte Nachfolgeklausel**, bei der nur einer oder nicht alle Erben des verstorbenen Gesellschafters unmittelbar in dessen gesellschaftsrechtliche Position eintreten. Die qualifizierte Nachfolgeklausel führt dazu, dass der Gesellschaftsanteil im Wege der Sonderrechtsnachfolge unmittelbar vollumfänglich auf den bestimmten Erben übergeht. Die übrigen Miterben werden nicht Gesellschafter.
- Enthält der Gesellschaftsvertrag eine **Eintrittsklausel**, werden die Erben nicht unmittelbar Gesellschafter im Zeitpunkt des Ablebens des Gesellschafters. Vielmehr wird den Erben oder einer dritten Person das Recht eingeräumt, in die Gesellschaft einzutreten. Bis zum Eintritt des Nachfolgers in die Gesellschaft besteht die Gesellschaft allein aus den verbleibenden Gesellschaftern.

**Beispiel**

A ist Gesellschafter der OHG. Mit seinem Tod können seine Erben in die Gesellschaft eintreten, sofern sie von dem Eintrittsrecht Gebrauch machen. Sofern sie es ausüben, wird die Gesellschaft mit ihnen fortgesetzt, ansonsten erhalten die weichenden Erben eine Abfindung.

Bezüglich **Minderjähriger** ist zu beachten, dass die Beteiligung eines solchen an einer **grundstücksverwaltenden Personengesellschaft** nach den §§ 1643, 1821 Abs. 1 Nr. 5 BGB der Genehmigung durch ein Familiengericht bedarf. Soll hingegen die Beteiligung an einer vermögensverwaltenden Personengesellschaft auf einen Minderjährigen übertragen werden, bedarf dies der Zustimmung eines **Ergänzungspflegers**. Der Ergänzungspfleger hat die Pflicht und das Recht, die ihm übertragenen Angelegenheiten im Interesse des Kindes zu regeln und das Kind gerichtlich zu vertreten. Diese gerichtliche Vertretung kann auch und gerade gegen die Eltern erfolgen. Die Gerichte prüfen bei ihren Entscheidungen über die Erteilung oder Versagung der Genehmigung des Geschäftes die Zweckmäßigkeit und Nützlichkeit und beurteilen dabei auch die Mitgesellschafter hinsichtlich ihrer Vermögensverhältnisse sowie ihrer charakterlichen und fachlichen Eignung.

Instruktiv ist hier eine Entscheidung des Oberlandesgerichts Nürnberg aus dem Jahre 2014[2]: Die Eltern gründeten dort gemeinsam mit dem Minderjährigen eine vermögensverwaltende GbR, die von den Eltern noch über die Volljährigkeit hinaus verwaltet wurde. Der Gesellschaft wurden sodann erhebliche Vermögenswerte zugewandt. Die geschäftlichen Risiken trug allein der Minderjährige. Das Gericht entschied, dass für den Minderjährigen die Nachteile gegenüber den Vorteilen der Zuwendung überwiegen, wenn er die volle Verfügungsmacht über das Vermögen voraussichtlich erst nach Ablauf von 30 Jahren erhält, er sich das übertragene Vermögen auf seinen Pflichtteil anrechnen lassen muss, er bei seinem Ausscheiden aus der Gesellschaft aber nicht den vollen Verkehrswert des Gesellschaftsanteils erhält und er bei einer späteren Eheschließung den Vorgaben des Gesellschaftsvertrags gerecht werden muss.

### 3.2.3 Nachfolge bei Kapitalgesellschaften

Die Nachfolgeklauseln in Gesellschaftsverträgen von Kapitalgesellschaften unterscheiden sich grundlegend von denen der Personengesellschaften. Das Recht der Kapitalgesellschaften geht von einer strikten Trennung zwischen Gesellschaft und Gesellschafter aus; daher ist der Gesellschaftsanteil frei vererblich. Demgegenüber ist das Personengesellschaftsrecht gegenüber dem Erbrecht vorrangig. Der auto-

---

[2] OLG Nürnberg, Beschluss vom 16.12.2014, Az. 11 WF 1415/14.

matische Übergang des Gesellschaftsanteils auf die Erben kann auch nicht durch Regelungen im Gesellschaftsvertrag ausgeschlossen werden. Daher können Nachfolgeklauseln nur den endgültigen Erwerb des übergegangenen Gesellschaftsanteils regeln. Sollte der Gesellschaftsanteil einer Erbengemeinschaft zufallen, können die Miterben ihre Rechte aus dieser Beteiligung nur gemeinschaftlich ausüben. Eine Teilung des Gesellschaftsanteiles findet nicht statt.

**Beispiel**

A ist Gesellschafter einer GmbH. Mit seinem Tod fällt der Anteil an der GmbH automatisch in seinen Nachlass. Eine davon abweichende Regelung kann nicht in den Gesellschaftsvertrag aufgenommen werden. Die Erben von A werden als Erbengemeinschaft Gesellschafter der GmbH, eine Teilung des Gesellschaftsanteils erfolgt nicht.

Zum Schutz vor Überfremdung enthalten die Gesellschaftsverträge von Kapitalgesellschaften jedoch sog. Einziehungs- oder Abtretungsklauseln.

- Die **Einziehungsklausel** sieht vor, dass die geerbten Anteile innerhalb einer bestimmten Frist von der Gesellschaft eingezogen werden. Damit wird die Gesellschaft allein mit den verbleibenden Gesellschaftern fortgesetzt. Die Einziehung erfolgt durch einen Gesellschafterbeschluss, den die verbleibenden Gesellschafter treffen. Voraussetzung der Einziehung ist jedoch, dass die Stammeinlage auf den einzuziehenden Geschäftsanteil in voller Höhe geleistet ist. Sofern die Gesellschaft von diesem Recht Gebrauch macht, haben die Erben einen Abfindungsanspruch in Höhe des Wertes des Gesellschaftsanteils bzw. des im Gesellschaftsvertrag vereinbarten Abfindungsanspruchs.

**Beispiel**

Nach dem Tod des A macht die GmbH von der im Gesellschaftsvertrag vorgesehenen Einziehungsklausel Gebrauch. Die Beteiligung der Erbengemeinschaft von A wird eingezogen, so dass diese aus der Gesellschaft ausscheidet. Sie erhält eine Abfindung.

- Abtretungsklauseln sehen dagegen vor, dass die geerbten Anteile auf eine bestimmte Person oder mehrere Personen (z. B. die verbliebenen Gesellschafter) übertragen werden müssen. Aufgrund dieser Klausel werden die Erben verpflichtet, den ererbten Gesellschaftsanteil auf einen anderen zu übertragen. Zum Zeitpunkt des Ablebens des Gesellschafters fällt der Gesellschaftsanteil in den Nachlass. Die Erben erhalten eine Abfindung. Die Höhe richtet sich nach dem Verkehrswert oder, sofern eine Regelung in dem Gesellschaftsvertrag enthalten ist, nach dieser Regelung.

**Beispiel**

Nach dem Tod des A machen die Gesellschafter der GmbH von ihrem Abtretungsrecht Gebrauch. Sie bestimmen, dass die Erben von A (bzw. die Erbengemeinschaft) die Anteile auf sie übertragen müssen. Sie erhalten dafür eine entsprechende Abfindung.

## 3.3 Immobilien im Ausland

Immobilien im Ausland stellen die Rechtsnachfolger vor besondere Herausforderungen. Nicht nur aufgrund eventueller sprachlicher Barrieren, sondern auch aufgrund von oftmals langwierigen Verfahrensdauern und unklaren Zuständigkeiten.

Mit Datum vom 17.08.2015 trat daher die Europäische Erbrechtsvervordnung (EU-ErbVO) in allen EU-Mitgliedstaaten mit Ausnahme Irlands und Dänemark in Kraft. Diese regelt, welches nationale Erbrecht auf einen Erbfall mit Auslandsbezug anzuwenden ist, sofern vorrangige Verträge zwischen den Staaten nicht bestehen. Weitere wichtige Regelungen sind die Bestimmung der zuständigen Behörden und Gerichte und das neu eingeführte Europäische Nachlasszeugnis, mit dem auch über die Grenzen hinweg die **Erbenstellung** unkompliziert nachgewiesen werden kann. Zusammenfassend lässt sich resümieren, dass erklärtes Ziel der EUErbVO ist, ein und denselben Erbfall lediglich in einem Staat nach dem dort geltenden Recht vor den dort zuständigen Gerichten abzuwickeln. Eine Nachlassspaltung soll vermieden werden.

Welcher Staat **zuständig** ist, bestimmt sich danach, in wessen Hoheitsgebiet der Erblasser im Zeitpunkt seines Todes seinen gewöhnlichen Aufenthalt hatte. Aus Art. 21 Abs. 1 EUErbVO ergibt sich, dass auch das **anzuwendende Erbrecht** nach dem letzten gewöhnlichen Aufenthalt des Erblassers zu bestimmen ist. Somit wird ein Gleichlauf zwischen der Zuständigkeit und dem anwendbaren (materiellen) Recht geschaffen. Eine Unterscheidung zwischen Immobilien und beweglichem Vermögen erfolgt dabei nicht (**Grundsatz der Nachlasseinheit**).

**Beispiel**

A, ein deutscher Staatsangehöriger hatte seinen letzten gewöhnlichen Aufenthalt in den Niederlanden. Für A gilt das niederländische Erbrecht. Verstirbt ein niederländischer Staatsangehöriger, der seinen letzten gewöhnlichen Aufenthalt in Deutschland hatte, gilt für ihn das deutsche Erbrecht.

Wichtig ist, dass in einer letztwilligen Verfügung eine Wahl getroffen wird, welches Recht welchen Landes auf den Erbfall Anwendung finden soll. Eine weitere Erleichterung ergibt sich durch das 2015 eingeführte neue Instrument des **Europäischen Nachlasszeugnisses**. Dieses verdrängt nicht den nationalen Erbschein, sondern steht neben ihm. Eine **Verwendung ist nicht verpflichtend**. Die Verwendung dient dem Nachweis der Rechte, auf die sich die Erben in einem anderen Mitgliedstaat berufen. Zuständig für die Ausstellung sind die Gerichte des Staates des gewöhnlichen Aufenthalts des Erblassers im Zeitpunkt seines Todes. Wie beim Erbschein besteht auch für das Europäische Nachlasszeugnis eine Richtigkeitsvermutung, die erschüttert werden kann. Ebenso besteht – wie beim Erbschein – ein Gutglaubensschutz bei Verfügungen über Nachlassgegenstände durch eine im Nachlasszeugnis als berechtigt ausgewiesene Person.

## 3.4 Postmortale Handlungsmöglichkeiten

In manchen Situationen empfiehlt es sich, die Frage der Annahme einer Erbschaft genau zu überdenken und ggf. über das Gestaltungsmittel der Ausschlagung nachzudenken. Dies kann beispielsweise der Fall sein, wenn weitere persönliche Steuerfreibeträge nach § 16 Abs. 1 ErbStG in Anspruch genommen werden möchten, der Ausschluss aus der Erbengemeinschaft gewünscht ist oder die Erbschaft beispielsweise einem Abkömmling, der sodann gesetzlicher Erbe wird, zugewendet werden soll. In der Praxis wird das Gestaltungsmittel der Ausschlagung häufig beim Berliner Testament angewandt; nämlich dann, wenn der überlebende Ehegatte selbst über Vermögen verfügt, und auf die Erbschaft unter Gesichtspunkten der Versorgung nicht angewiesen ist.

Dem Erben und Vermächtnisnehmer steht es nach freiem Belieben zu, die Erbschaft **auszuschlagen** oder ein Vermächtnis **nicht geltend zu machen**. Der bereits erfolgte Anfall der Erbschaft wird dadurch rückwirkend beseitigt und die Erbschaft fällt demjenigen zu, der zur Erbfolge berufen wäre, wenn der Ausschlagende zum Zeitpunkt des Erbfalls nicht gelebt hätte, bzw. vorverstorben wäre; der Anfall gilt als mit dem Erbfall erfolgt (§ 1953 Abs. 2 BGB).

Unbedingt zu beachten ist, dass der ausschlagende Erbe – sofern es sich um Eltern oder Kinder handelt – sämtliche **Pflichtteilsansprüche** verliert. Der überlebende Ehegatte, der im Güterstand der **Zugewinngemeinschaft** lebte, kann hingegen auch nach der Ausschlagung den Pflichtteilsanspruch und den Zugewinnausgleichsanspruch verlangen. Dies kann für den überlebenden Erben mitunter vorteilhaft sein, wenn sich rechnerisch ein höherer Zugewinn ergibt als seine Erbquote und der pauschalierte Zugewinn in Höhe von ¼ des Nachlasses.

Die Ausschlagung kann erst nach dem Erbfall erfolgen. Für die Ausschlagung gilt eine **Frist von sechs Wochen** ab Kenntniserlangung von der Erbschaft. Sofern sich der Erbe bei Beginn der Frist im Ausland aufhält, oder der Erblasser seinen letzten Wohnsitz ausschließlich im Ausland gehabt hat, gilt gem. § 1944 Abs. 3 BGB eine Frist von sechs Monaten für die Ausschlagung. Bei der Ausschlagung handelt es sich um eine sogenannte empfangsbedürftige Willenserklärung, die gegenüber dem zuständigen Nachlassgericht (Amtsgericht) abzugeben ist.

# 4 Überblick und allgemeine steuerliche Gestaltungshinweise

Das Erbschaftsteuer- und Schenkungsteuergesetz kennt für Immobilien unterschiedliche Steuerbegünstigungen. Diese unterscheiden sich danach, ob das **Grundstück dem Privat- oder Betriebsvermögen** zuzuordnen ist und bei der Zugehörigkeit zum Betriebsvermögen danach, ob dieses Grundstück zum Verwaltungsvermögen gehört oder nicht. Dabei umfassen die Regelungen über die Qualifikation von Grundstücken als Verwaltungsvermögen zahlreiche Ausnahmen, die es zu beachten gilt.

Zu den **Steuerbefreiungen für Privatvermögen** gehören insbesondere die Steuerbefreiung für das Familienheim (§ 13 Abs. 1 Nr. 4a bis 4c ErbStG) und die Steuerbefreiung i. H. v. 10 % für Dritten zu Wohnzwecken überlassene Grundstücke (§ 13a ErbStG). Darüber hinaus lässt sich die Steuerbelastung senken durch die Vereinbarung von Gegenleistungen (z. B. Nießbrauch, Wohnrechten, lebenslange monatliche Rente, Übernahme von Krediten) sowie die Übernahme der Schenkung- oder Erbschaftsteuer. Eine weitere Gestaltungsmöglichkeit stellt die mittelbare Grundstücksschenkung dar.

Für **Immobilien des Betriebsvermögens** gelten hinsichtlich der Steuerbefreiungen/-begünstigungen im Erbschaft- und Schenkungsteuerrecht folgende Überlegungen:

- Das eigenbetrieblich genutzte Grundstück (Bürogebäude, Lagerflächen, Vorratsgrundstücke etc.) stellt kein Verwaltungsvermögen dar. Damit kann es unter die Steuerbefreiung für Betriebsvermögen fallen.
- Dritten zur Nutzung überlassene Grundstücke gehören dagegen zum Verwaltungsvermögen. Etwas anderes gilt nur, wenn sie unter eine der im Gesetz genannten Ausnahmen fallen. Diese bestehen u. a. für Wohnungsunternehmen, Nutzungsüberlassung im Konzern, in Betriebsaufspaltungsfällen oder, wenn ein Beherbergungsbetrieb besteht. Gehört ein Grundstück zum Verwaltungsvermögen fällt es nur ausnahmsweise unter die Steuerbefreiung für betriebliches

Vermögen, sofern es unter die sog. Schmutzgrenze (§ 13b Abs. 7 ErbStG) fällt. Diese kommt nicht zur Anwendung, wenn das Grundstück zum jungen Verwaltungsvermögen gehört.

**Hinweis**

Eine Steuergestaltung könnte daher in der Beendigung der Nutzungsüberlassung an Dritte oder der Ausschöpfung der sog. Schmutzgrenze liegen.

Zu **den weiteren Optimierungsmöglichkeiten** gehören bei Übertragung von Unternehmen natürlich die Optimierung der Struktur sowie der Zusammensetzung des übertragenen Vermögens (Rechtsformwahl, Senkung des Verwaltungsvermögens, Strukturierung des Vermögens, Ausnutzung der Verbundvermögensaufstellung).

Neben den immobilienspezifischen Besonderheiten sind natürlich auch **die allgemeinen Möglichkeiten zur Optimierung der Erbschaft- und Schenkungsteuer zu beachten** (Stiftungsstrukturen, Vermeidung von Großerwerben, Übernahme der Schenkungsteuer, Erwachsenenadoption, mehrfache Ausnutzung der persönlichen Freibeträge, Kettenschenkungen, Vereinbarung einer Vor- und Nacherbfolge…). Zudem sollte, sofern möglich, der Übertragungszeitpunkt mit Bedacht gewählt werden. Das Erbschaftsteuer- und Schenkungsteuergesetz basiert auf dem sog. Stichtagsprinzip. Daher erlangt der **Übertragungszeitpunkt** stets eine besondere Bedeutung. Sofern dieser Zeitpunkt gewählt werden kann, sollte dieser in Hinblick auf bestehende Optimierungsmöglichkeiten geprüft werden. Dazu könnte z. B. der Ablauf der Zehnjahresfrist für die **persönlichen Freibeträge i. S. d. § 16 ErbStG** gehören. Hier kann es einen deutlichen Unterschied machen, ob die Immobilie noch vor oder nach Ablauf der Frist übertragen wird. Zugleich lassen sich so Progressionseffekte erzielen.

**Beispiel**

A hat seiner Tochter am 03.01.2014 bereits eine Immobilie im Wert von 400.000 Euro geschenkt. Nun überlegt er, ihr eine weitere Immobilie zu schenken. Wartet er mit der Übertragung bis zum 04.01.2024 könnte der Freibetrag nach § 16 ErbStG i. H. v. 400.000 Euro erneut in Anspruch genommen werden; wartet er nicht, würde die Schenkung ohne Berücksichtigung dieses Freibetrags besteuert werden. Dann wären die Schenkungen auch für die Ermittlung des Steuersatzes zusammenzurechnen.

Weitere Steuervorteile lassen sich zum Beispiel durch einen sog. **Generationssprung** erzielen. Dabei wird das Vermögen nicht an die nächste, sondern an die übernächste Generation übertragen. Dadurch wird z. B. die Ausschöpfung weiterer persönlicher Freibeträge nach § 16 ErbStG ermöglicht.

**Beispiel**

A verfügt über ein umfangreiches Immobilienvermögen. Einen Teil der Immobilien überträgt sie sogleich auf ihre Enkelkinder. Dadurch können auch die Freibeträge ausgeschöpft werden, die für Übertragungen von Großeltern an ihre Enkelkinder vorgesehen sind (derzeit 200.000 Euro je Großelternteil je Enkelkind).

Durch die Übertragung von Vermögen auf **mehrere Personen** können die Freibeträge auch mehrfach ausgeschöpft werden.

**Beispiel**

A verfügt über ein umfangreiches Immobilienvermögen. Im Wege des Zugewinnausgleichs (z. B. durch eine sog. Güterstandsschaukel) überträgt er zunächst Vermögen auf seine Ehefrau. Später entschließt sich diese, einen Teil der Immobilien auf ihre Kinder und Enkelkinder zu übertragen. Dadurch können auch die Freibeträge, die für Übertragungen von der Ehefrau an die Kinder/Enkelkinder bestehen, ausgeschöpft werden. Die ertragsteuerlichen Konsequenzen des Zugewinnausgleichs sind vorab zu prüfen.

Entsprechendes Ergebnis wird auch durch **Kettenschenkungen** erreicht. Entscheidend ist hier, dass in Folge mehrere Schenkungen vorliegen. Diese Voraussetzung ist nicht erfüllt, wenn eine Weitergabeverpflichtung besteht.

**Beispiel**

A verschenkt eine Immobilie zunächst an ihren Ehemann. Später entschließt sich dieser, die Immobilie an die gemeinsamen Kinder zu übertragen.

Eine weitere Möglichkeit, die Steuerbelastung zu senken, ist die **Übernahme der Schenkungsteuer** durch den Schenker.

**Beispiel**

A schenkt an B ein Grundstück. Zugleich übernimmt er die Schenkungsteuer für B. Der Schenkungsteuer unterliegt dann der Erwerb des Grundstückes sowie die darauf entfallende Schenkungsteuer. Im Ergebnis ist die Steuerbelastung geringer, als wenn A neben dem Grundstück auch Geld schenken würde, um die Steuer zu begleichen. Denn die Steuer auf die Schenkungsteuer unterliegt nicht der Schenkungsteuer.

Schließlich ist zu berücksichtigen, dass bei einer Immobilienübertragung zu Lebzeiten die **Wertsteigerung bis zum Zeitpunkt des Ablebens keiner Erbschaftsteuer** unterliegt.

## 4.1 Die mittelbare Grundstücksschenkung

Bei der mittelbaren Grundstücksschenkung wird nicht direkt ein Grundstück geschenkt, sondern vielmehr Geld für den Erwerb eines bestimmten Grundstückes oder dieser Erwerb wird finanziert. Gegenstand der Schenkungsteuer ist dabei aber nicht der Geldbetrag, sondern das Grundstück selbst, wodurch sich eine niedrigere Bemessungsgrundlage ergeben kann. Dies liegt darin begründet, dass der Grundbesitzwert, der für schenkungsteuerliche Zwecke zu ermitteln ist, i. d. R. unter dem Betrag liegt, der für den Erwerb des Grundstückes aufgewendet werden muss. Zu beachten gilt, dass die mittelbare Grundstücksschenkung erst dann wirksam wird, wenn die Immobilie übertragen ist. Bemessungsgrundlage der Schenkung ist der Wert der Immobilie, nicht aber die Aufwendungen, die für den Erwerb der Immobilie getätigt werden, d. h. insbesondere nicht die Anschaffungsnebenkosten. Auch im Rahmen der mittelbaren Grundstücksschenkung kann die Steuerbefreiung in Gestalt des 10 %igen Abschlags für Wohnimmobilien zur Anwendung kommen. Dies bietet im Vergleich zur Schenkung des Geldbetrags jedenfalls einen Vorteil. Zudem liegt eine mittelbare Grundstücksschenkung auch vor, wenn der Schenker nur einen Teil der Anschaffungs- und Herstellungskosten der Immobilie trägt.

## 4.2 Die Steuerbefreiung für das Familienheim

Eine der wenigen Steuerbefreiungen für Immobilien des Privatvermögens ist die Steuerbefreiung für das sog. Familienheim. Diese findet sich in **§ 13 Nr. 4a bis 4c ErbStG**. Sie ist für die Praxis von besonderer Bedeutung, insbesondere dann, wenn der Wert der Immobilie die persönlichen Freibeträge i. S. d. § 16 ErbStG übersteigt und die Übertragung der Immobilie daher Schenkung- bzw. Erbschaftsteuer auslösen würde.

Die Steuerbefreiung selbst unterscheidet **drei Sachverhalte**:

- § 13 Abs. 1 Nr. 4a ErbStG befreit die Übertragung des „Familienheims" durch eine **Zuwendung unter Lebenden** von einem **Ehepartner bzw. eingetragenen Lebenspartner** auf den anderen Partner von der Schenkungsteuer.
- § 13 Abs. 1 Nr. 4b ErbStG ermöglicht die steuerfreie Übertragung eines Familienheims unter **Eheleuten bzw. eingetragenen Lebenspartnern** für den **Fall des Erwerbs von Todes wegen**.
- § 13 Abs. 1 Nr. 4c ErbStG ermöglicht eine Übertragung des Familienheims **auf Kinder** i. S. der Steuerklasse I Nr. 2 oder Kinder verstorbener Kinder i. S. der Steuerklasse I Nr. 2 (d. h. Enkel), allerdings nur durch **Erwerb von Todes** wegen. Voraussetzung ist jedoch, dass der Erblasser die übertragene Wohnung bis zum Erbfall zu eigenen Wohnzwecken genutzt hat oder aus zwingenden Gründen an einer Selbstnutzung zu eigenen Wohnzwecken gehindert war und diese

Wohnung beim Erwerber unverzüglich zur Selbstnutzung zu eigenen Wohnzwecken bestimmt ist. Dabei ist die Steuerbefreiung begrenzt. Sie gilt maximal für eine Wohnfläche der Wohnung von 200 qm, die Grundstücksfläche ist jedoch irrelevant. Wird diese Grenze überschritten, ist lediglich eine anteilige Steuerbefreiung möglich. Auch diese Steuerbefreiung steht, wie die Steuerbefreiung nach § 13 Abs. 1 Nr. 4b ErbStG (Übertragung des Familienheims zwischen Eheleuten bzw. eingetragenen Lebenspartnern) unter einer Nachbehaltens- und Verwendungsfrist von zehn Jahren. Eine Ausnahme kommt nach dem Gesetzeswortlaut nur in Betracht, wenn der Erwerber aus zwingenden Gründen an einer Selbstnutzung gehindert ist (z. B. aufgrund einer die Führung eines eigenen Haushalts verbietenden Pflegebedürftigkeit).

- Die Steuerbefreiungen des § 13 Abs. 1 Nr. 4b und c ErbStG kommen jeweils nicht zur Anwendung, wenn der Erwerber das „Familienheim" aufgrund einer **letztwilligen Verfügung des Erblassers** oder einer rechtsgeschäftlichen Verfügung des Erblassers auf einen Dritten übertragen muss.

**Hinweis**

Die **Übertragung des Familienheims zu Lebzeiten** untersteht keiner Nachbehaltens- und Verwendungsfrist. Sie bleibt also auch dann bestehen, wenn das Familienheim nach der Schenkung verkauft oder nicht mehr als Familienheim genutzt wird. Dagegen sehen die **Übertragungen von Todes wegen** eine zehnjährige Nachbehaltens- und Verwendungsfrist vor. Sollte das erworbene Familienheim also nach dem Erwerb von Todes wegen innerhalb der Zehnjahresfrist verkauft oder nicht mehr als Familienheim genutzt werden, entfällt die Steuerbefreiung in der Regel mit Wirkung für die Vergangenheit und zwar in voller Höhe. Eine Ausnahme gilt nur, wenn der Erwerber das Familienheim aus zwingenden Gründen nicht mehr selbst nutzt und es dann veräußert.

**Beispiel**

Die Eheleute A und B leben in Mannheim und planen einen Umzug nach Berlin. Kurz vor dem Umzug schenkt die Ehefrau ihrem Ehemann das Familienheim. Diese Übertragung ist steuerfrei möglich, unabhängig davon, ob die Eheleute das Familienheim danach aufgeben und ggf. veräußern. Auch wäre es möglich, dass die Ehefrau dem Ehemann z. B. auch den Eigentumsanteil an dem neuen Familienheim überträgt. Denn die Steuerbefreiung zu Lebzeiten kann mehrfach, aber stets nur nacheinander genutzt werden, da eine Familie stets nur ein Familienheim (nacheinander an unterschiedlichen Orten) haben kann.

**Gestaltungshinweis**

Bei Übertragungen zu Lebzeiten kann es sinnvoll sein, dass der Schenker ein Widerrufsrecht für den Fall erhält, dass der Beschenkte vor diesem verstirbt. Unter dieser Voraussetzung könnte er dann die Schenkung widerrufen und das Familienheim würde nicht in den Nachlass des Verstorbenen fallen.

In diesem Zusammenhang ist auch darauf hinzuweisen, dass die Steuerbefreiung zu Lebzeiten auch dann greift, wenn ein Ehegatte oder eingetragener Lebenspartner den anderen Ehegatten oder eingetragenen Lebenspartner von eingegangenen Verpflichtungen im Zusammenhang mit der Anschaffung oder der Herstellung des Familienheims freistellt. Entsprechendes gilt auch dann, wenn ein Ehegatte nachträglichen Herstellungs- oder Erhaltungsaufwand für ein Familienheim trägt, das im gemeinsamen Eigentum der Ehegatten oder eingetragenen Lebenspartner oder im Eigentum des anderen Ehegatten oder eingetragenen Lebenspartner steht.

> **Beispiel**
>
> Die Eheleute A und B kaufen gemeinsam ein Einfamilienhaus. Beide werden ins Grundbuch eingetragen, beide unterzeichnen den Kreditvertrag. Allein B zahlt den Kredit. Auch diese Schenkung unterfällt der Steuerbefreiung, sofern das Einfamilienhaus das Familienheim der Eheleute ist.

Mit der Steuerbefreiung für das „Familienheim" sind zahlreiche Anwendungsfragen verbunden, die immer wieder auch die Finanzgerichte beschäftigen. Zu ausgewählten Aspekten nachfolgend:[3]

1. **Was ist ein Familienheim? Wie viele Familienheime kann eine Familie haben?**

   Der Begriff des Familienheims ist gesetzlich nicht definiert. Grundsätzlich kommen als Familienheim nur bebaute Grundstücke, d. h. Immobilien, in Betracht, die nicht im Drittland belegen sind. Nach Auffassung der Finanzverwaltung liegt ein Familienheim vor, wenn die Wohnung (bzw. das Haus o. ä.) gemeinsam von den Eheleuten und der zur Familie gehörenden Kinder zu eigenen Wohnzwecken genutzt wird. Dabei bestimmt sich der Wohnungsbegriff nach der tatsächlichen Nutzung. In dem Familienheim muss sich daher der Mittelpunkt des familiären Lebens befinden, so dass Wohnungen, die nur als Ferien- oder Wochenendwohnung genutzt werden oder für einen Berufspendler nur die Zweitwohnung darstellen, nicht begünstigungsfähig sind. Eine Mitbenutzung der Wohnung durch Enkelkinder, Eltern oder eine Hausgehilfin ist unschädlich. Im Ergebnis kann eine Familie immer nur ein Familienheim haben, selbst wenn die Familie zeitgleich mehrere Immobilien nutzt (sog. Mehrfachwohnsitz).[4]

2. **Was kommt als Übertragungsgegenstand in Betracht?**

   Die Steuerbefreiung nach § 13 Abs. 1 Nr. 4a bis c ErbStG setzt grundsätzlich voraus, dass das Eigentum bzw. das Miteigentum an einem solchen „Familienheim" zwischen bestimmten Personen übertragen wird (Eheleute/eingetragene

---

[3] Vgl. auch Dorn, ErbBstg 2021, S. 273.

[4] Vgl. FG München, Urteil vom 16.06.2021, 4 K 692/20.

Lebenspartner bzw. bei Erwerb von Todes wegen ausnahmsweise Kinder). Nicht begünstigt ist jedoch der Erwerb eines Anspruchs auf Verschaffung von Eigentum an einem Familienheim (sog. Auflassungsvormerkung).[5] Bislang noch nicht höchstrichterlich entschieden wurde, ob eine Steuerbefreiung für das Familienheim auch möglich ist, wenn dieses aus zivilrechtlicher Sicht einer GbR gehört und daher nicht ein Miteigentumsanteil an dem Grundstück selbst, sondern ein Anteil an einer GbR übertragen wird. Insofern ist Vorsicht geboten bei der Übertragung von GbR-Anteilen am Familienheim. Erste Gerichtsurteile deuten darauf hin, dass auch der GbR-Anteil einer Familienheim GbR steuerfrei sein kann.

3. **Können nicht zu eigenen Wohnzwecken genutzte Nebenräume auch steuerfrei übertragen werden?**

Unter die Steuerbefreiung fallen auch Garagen, Nebenräume und Nebengebäude, sofern sich diese auf dem Grundstück befinden und mit der Wohnung gemeinsam genutzt werden. Soweit derartige Räume zu anderen Zwecken als zu Wohnzwecken genutzt werden, ist dies unschädlich, soweit die Nutzung von untergeordneter Bedeutung ist (z. B. durch Nutzung eines Arbeitszimmers).

4. **Steuerbefreiung für mehrere Grundstücke möglich?**

Nicht abschließend geklärt ist bislang, ob das Familienheim aus zivilrechtlicher Sicht lediglich ein oder ggf. aus bewertungsrechtlicher Sicht mehrere Grundstücke umfassen kann, die zu einer wirtschaftlichen Einheit gehören. Zur Vermeidung von Risiken sollten die Grundstücke, auf denen sich das Familienheim befindet, ggf. zusammengelegt werden. Dies gilt insbesondere, wenn weitere Grundstücke dazu erworben wurden.

5. **Weitere Voraussetzungen für die Gewährung der Steuerbefreiung bei Erwerb von Todes wegen**

Bei Erwerb des Familienheims von Todes wegen setzt die Steuerbefreiung u. a. voraus, dass der Erblasser darin bis zum Erbfall eine Wohnung zu eigenen Wohnzwecken genutzt hat oder er aus zwingenden Gründen an einer Selbstnutzung zu eigenen Wohnzwecken gehindert war und die beim Erwerber unverzüglich

[5] Vgl. BFH-Urteil vom 29.11.2017, II R 14/16, BStBl. II 2018, 362.

zur Selbstnutzung zu eigenen Wohnzwecken bestimmt ist. Hier liegt ein deutlicher Unterschied zur Steuerbefreiung bei Übertragung zu Lebzeiten zwischen Eheleuten/eingetragene Lebenspartnern vor. Dabei stellt sich insbesondere die Frage, wann ein solcher zwingender Grund vorliegt und wann (noch) eine unverzügliche Selbstnutzung vorliegt. Nach Auffassung des Bundesfinanzhofs (BFH) ist letztgenannter Punkt gleichbedeutend mit „ohne schuldhaftes Zögern zur Selbstnutzung für eigene Wohnzwecke", d. h., dass die Selbstnutzung innerhalb einer angemessenen Zeit nach dem Erbfall erfolgen muss. Der BFH erachtet als angemessen regelmäßig einen Zeitraum von bis zu sechs Monaten nach Übertragung des Eigentums. Nach Ablauf der Frist muss der Erwerber darlegen und glaubhaft machen, zu welchem Zeitpunkt er sich zur Selbstnutzung als Familienheim entschlossen hat, aus welchen Gründen ein Einzug nicht früher möglich war und warum er diese Gründe nicht zu vertreten hat.

6. **Zehnjährige Nachbehaltens- und Verwendungsfrist**

Die für die Übertragung des Familienheims durch Erwerb von Todes wegen gewährte Steuerbefreiung entfällt mit Wirkung für die Vergangenheit vollständig, wenn die Immobilie nicht die gesamten zehn Jahre nach dem Erwerb zu eigenen Wohnzwecken genutzt wird. Weitere Voraussetzung ist, dass auch das Eigentum an der Immobilie unverändert bleibt. Nicht ausreichend ist, wenn die Wohnung zwar zu eigenen Wohnzwecken genutzt, jedoch das Eigentum übertragen wird. Entscheidend ist zudem, dass sich unverändert das Familienheim dort befindet. So entfällt die Steuerbefreiung auch dann, wenn der Erwerber das Objekt nur gelegentlich zu eigenen Wohnzwecken nutzt. Eine Ausnahme gilt nur dann, wenn jemand aus **zwingenden Gründen an einer Selbstnutzung gehindert** ist. Dabei wird diese Ausnahme von der Rechtsprechung sehr restriktiv ausgelegt und nur in wenigen Ausnahmefällen bejaht (z. B. Pflegebedürftigkeit oder Tod des Erwerbers, in Ausnahmefällen Erkrankungen, ein entsprechender Nachweis ist erforderlich). Die Gründe müssen sich dabei auf das übertragene Familienheim beziehen, reine wirtschaftliche Abwägungen reichen nicht. Liegt ein solcher Grund vor, ist die Aufgabe der Selbstnutzung und auch eine anschließende Veräußerung des Familienheims unschädlich.

Die Steuerbefreiung für das Familienheim ist eine der wenigen Möglichkeiten, eine Immobilie des Privatvermögens steuerfrei zu übertragen. Hier sind die unterschiedlichen Voraussetzungen bei Übertragungen zwischen Eheleuten/eingetragenen Lebenspartnern zu Lebzeiten und von Todes wegen zu beachten. Zu berücksichtigen ist, dass die Steuerbefreiung gerade bei Übertragungen von Todes wegen darauf abzielt, dass Familienheim zu erhalten. Daher enthalten diese Regelungen eine zehnjährige Nachbehaltens- und Verwendungsfrist, wobei ein Verstoß gegen diese nur in Ausnahmefällen nicht zum Wegfall der Steuerbefreiung führt. Sollte ein solcher Ausnahmefall nicht vorliegen, entfällt die Steuerbefreiung insgesamt, nicht etwa zeitanteilig. So würde die Steuerbefreiung auch vollumfänglich entfallen, wenn die Selbstnutzung kurz vor Ablauf der Frist – jedoch ohne zwingenden Grund – aufgegeben wird. Aus Sicht der Praxis zeigt sich diese Regelung zu starr, gerade weil Veränderungen im Leben des überlebenden Ehepartners/eingetragenen Lebenspartners und auch der Kinder keine Berücksichtigung finden.

## 4.3 Grundstücke im Betriebsvermögen – Übertragung von Immobilienunternehmen

Für die Übertragung von Immobilienunternehmen kommt eine Steuerbefreiung nach §§ 13a ff. ErbStG grundsätzlich in Betracht. Hier sind jedoch Besonderheiten zu beachten, die aus erbschaft- und schenkungsteuerlicher Sicht für Immobilien des Betriebsvermögens gelten.

Im Grundsatz ist eine Steuerbefreiung möglich, wenn begünstigungsfähiges Vermögen (z. B. ein Anteil an einer gewerblichen Personengesellschaft oder eine Kapitalgesellschaft mit einer Mindestbeteiligung von mehr als 25 %) übertragen wird. Die Übertragung einer Beteiligung an einer vermögensverwaltenden, nicht gewerblichen Personengesellschaft ist hingegen nicht begünstigungsfähig. Dabei kommt eine Begünstigung nur in Betracht, soweit das begünstigungsfähige Vermögen tatsächlich begünstigtes Vermögen umfasst. Hier erfahren Immobilien eine besondere Betrachtung.

Denn im Grundsatz gilt, dass Dritten zur Nutzung überlassene Grundstücke unter Beachtung der im Gesetz enthaltenen Ausnahmeregelungen zum sog. Verwaltungsvermögen gehören. Gehören sie zudem seit weniger als zwei Jahren zum Betriebsvermögen, unterliegen sie als sog. junges Verwaltungsvermögen in jedem Fall der Besteuerung, ansonsten nur, soweit die sog. Schmutzgrenze überschritten wird.

**Beispiel**

Die gewerbliche Personengesellschaft erwirbt kurze Zeit vor der Übertragung einer Beteiligung an dieser ein Grundstück, welches sie vermietet. Das Grundstück gehört zum Verwaltungsvermögen. Sofern es seit weniger als zwei Jahren dem Betriebsvermögen zuzurechnen ist, wäre es sog. junges Verwaltungsvermögen. Dieses würde in jedem Fall der Besteuerung unterliegen. Das (nicht junge) Verwaltungsvermögen nur, insoweit es die sog. Schmutzgrenze übersteigt.

**Hinweis**

Soweit eine Steuerbefreiung nach § 13a ErbStG nicht in Betracht kommt, gilt für zu Wohnzwecken überlassene Grundstücke die Steuerbefreiung nach § 13d ErbStG i. H. v. 10 %. Grundstücke, die Dritten zur gewerblichen Nutzung überlassen werden, unterfallen dieser Regelung nicht. Voraussetzung für die anteilige Steuerbefreiung ist eine Vermietung zu Wohnzwecken.

Zum Verwaltungsvermögen gehören Grundstücke im Grundsatz, wenn diese an Dritte zur Nutzung überlassen werden. Unerheblich ist dabei, ob dies für eine gewerbliche Nutzung, private Nutzung oder zu Wohnzwecken ist. Das Gesetz selbst sieht jedoch einige Ausnahmen vor, in denen die Nutzungsüberlassung unschädlich ist. Das ist z. B. der Fall bei Nutzungsüberlassung im Konzern, Betriebsaufspaltungsfälle, Nutzungsüberlassung durch einen Gesellschafter oder zur Förderung des eigenen Absatzes, sofern keine Weitervermietung an Dritte erfolgt. Eine weitere Ausnahme enthält die Regelung für sog. Wohnungsunternehmen (*Kapitel 4.4*).

Grundstücke, die unter diese Ausnahme fallen, selbst genutzte Grundstücke und nicht an Dritte zur Nutzung überlassene Grundstücke stellen damit kein Verwaltungsvermögen dar.

**Beispiel**

Die A-GmbH verfügt über zahlreiche Grundstücke, die sie teils selbst nutzt, teilweise nur hält, ohne sie Dritten zur Nutzung zu überlassen, teilweise auch Dritten zur Nutzung überlässt. Sofern die Dritten zur Nutzung überlassenen Grundstücke kein junges Verwaltungsvermögen sind und unter die Schmutzgrenze fallen, kann für alle Grundstücke die Steuerbefreiung nach § 13a ff. ErbStG in Anspruch genommen werden. Ansonsten würden die Dritten zur Nutzung überlassene Grundstücke der Besteuerung unterliegen. Etwas anderes würde jedoch gelten, wenn die A-GmbH ein sog. Wohnungsunternehmen wäre.

Auch Anteile an Unternehmen mit Grundbesitz können unentgeltlich, teilentgeltlich oder entgeltlich übertragen werden. Zu beachten ist insoweit, dass Übertragungsgegenstand dann das Unternehmen bzw. die Beteiligung an dem Unternehmen ist. Die Steuerfolgen unterscheiden sich danach, was konkret übertragen wird. Insbesondere ist zwischen Anteilen an Kapital- und Personengesellschaften zu unterscheiden.

**Beispiel**

Die A-GmbH verfügt über zahlreiche Grundstücke, die Anteile an dieser hält A im Privatvermögen. Diese Anteile möchte er gegen Nießbrauch/lebenslange Rente übertragen. Die vereinbarte Gegenleistung mindert grundsätzlichen den Wert der Schenkung. Aus ertragsteuerlicher Sicht stellt die Übertragung gegen Nießbrauch eine unentgeltliche Übertragung dar. Sofern Anteile an Kapitalgesellschaften unter Nießbrauchsvorbehalt übertragen werden, sollten konkrete Regelungen darüber getroffen werden, wer in Zukunft die Einkünfte erzielt und versteuert (z. B. auf was konkret sich der Nießbrauch bezieht). Bei Übertragung gegen lebenslange Rente würde jedenfalls eine teilentgeltliche Übertragung vorliegen, die zu einer Besteuerung mit Einkommensteuer führen kann. Hier würde die Übertragung in eine entgeltliche und eine unentgeltliche Übertragung aufgeteilt werden. Anders ist es dann, wenn Anteile an gewerblichen Personengesellschaften übertragen werden. Hier erfolgt keine Aufteilung. Solange das vereinbarte Entgelt nicht den Buchwert der Beteiligung überschreitet, liegt aus ertragsteuerlicher Sicht eine unentgeltliche Übertragung vor. Zudem ist bei Übertragung von Anteilen an originär gewerblichen Personengesellschaften die Vereinbarung gegen Übertragung sog. Versorgungsleistungen möglich. Der Zahlungsverpflichtete kann diese dann als Sonderbetriebsausgaben steuerlich geltend machen.

**Hinweis**

Bei Übertragung von Anteilen an Personengesellschaften unter Nießbrauchsvorbehalt ist im Zusammenhang mit der Steuerbefreiung nach §§ 13a ff. ErbStG stets darauf zu achten, dass der Begünstigte infolge dieser Übertragung auch Mitunternehmer der Gesellschaft wird. Ansonsten wäre keine Steuerbefreiung nach §§ 13a ff. ErbStG möglich. Darauf ist insbesondere bei der Verteilung der Rechte und Pflichten im Zusammenhang mit der Vereinbarung des Nießbrauchs zu achten.

## 4.4 Besonderheiten für Wohnungsunternehmen

Die Steuerbefreiung für sog. **Wohnungsunternehmen** ist für die Praxis – gerade bei großen Immobilienvermögen – von besonderer Bedeutung. Dies liegt darin begründet, dass die Steuerbefreiung für Betriebsvermögen seit der Erbschaftsteuerreform 2016 das begünstigungsfähige Vermögen in begünstigtes und nicht begünstigtes Vermögen aufteilt. Dabei gehören gerade Dritten zur Nutzung überlassene Immobilien zum sog. Verwaltungsvermögen, welches nach Berücksichtigung einer Schmutzgrenze zum nicht begünstigten Vermögen gehört. Etwas anderes gilt nur, wenn das Dritten zur Nutzung überlassene Grundstück ausnahmsweise kein Verwaltungsvermögen darstellt. Eine solche Ausnahme liegt vor, wenn die Dritten überlassenen Grundstücke zum Betriebsvermögen eines sog. Wohnungsunternehmens gehören.

**Beispiel**

Die A-GmbH verfügt über zahlreiche Grundstücke, die sie an Dritte überlässt. Die Grundstücke gehören grundsätzlich zum Verwaltungsvermögen, sie wären nach Abzug der Schmutzgrenze als nicht begünstigtes Vermögen zu qualifizieren. Im Falle einer Übertragung der Beteiligung an der A-GmbH wären diese vollumfänglich zu besteuern. Eine Steuerbefreiung nach §§ 13a, 13b, ggf. ergänzt nach 13c, 28a ErbStG wäre nicht möglich. Etwas anderes würde nur gelten, wenn die A-GmbH die Voraussetzungen eines Wohnungsunternehmens erfüllen würde.

Ein **Wohnungsunternehmen im erbschaft- bzw. schenkungsteuerlichen Sinne** liegt vor,

- wenn die überlassenen Grundstücke, Grundstücksteile, grundstücksgleichen Rechte und Bauten zum **Betriebsvermögen**, zum gesamthänderisch gebundenen Betriebsvermögen einer Personengesellschaft oder zum Vermögen einer Kapitalgesellschaft gehören und
- der **Hauptzweck des Betriebs in der Vermietung von Wohnungen** besteht,
- dessen **Erfüllung einen wirtschaftlichen Geschäftsbetrieb (§ 14 AO)** erfordert.

Sollte ein solches **Wohnungsunternehmen** vorliegen, würden die Dritten zur Nutzung überlassenen Grundstücke nicht zum Verwaltungsvermögen, sondern zum begünstigten Vermögen gehören. Damit würden diese unter die Steuerbefreiung fallen, so dass eine steuerbefreite/steuerbegünstigte Übertragung möglich wäre.

Zu den Voraussetzungen, die ein solches Wohnungsunternehmen erfüllen muss, folgende Hinweise:

- Die Finanzverwaltung nimmt eine **betriebsbezogene Betrachtung** vor, wonach sich die Wohnungen im Eigentum (**Betriebsvermögen**) der jeweiligen Gesellschaft befinden müssen. Der Begriff der Wohnung richtet sich nach dem Bewertungsgesetz. Auf die Belegenheit dieser Wohnungen kommt es dabei grundsätzlich nicht an.

- **Hauptzweck des Betriebs** muss in der Vermietung von Wohnungen bestehen. Diese Tätigkeit muss also **den überwiegenden Teil der betrieblichen Tätigkeit** ausmachen. Sollten daneben andere Tätigkeiten ausgeübt werden, also z. B. Grundstücke oder Grundstücksteile nicht zu Wohnzwecken, sondern z. B. auch zu gewerblichen, freiberuflichen oder öffentlichen Zwecken genutzt werden, ist das unschädlich. Die Finanzverwaltung prüft den Hauptzweck nach dem Wertverhältnis zwischen den Tätigkeiten, d. h. sie setzt die Summe der Grundbesitzwerte der zu Wohnzwecken vermieteten Grundstücke oder Grundstücksteile ins Verhältnis zur Summe der Grundbesitzwerte aller vermieteten Grundstücke (vgl. R 13b.17 Abs. 2 Satz 3 ErbStR).
- Die Steuerbefreiung für das Wohnungsunternehmen setzt die **Erforderlichkeit eines wirtschaftlichen Geschäftsbetriebs i. S. d. § 14 AO** voraus. Die Finanzverwaltung sieht als Indizien für einen solchen wirtschaftlichen Geschäftsbetrieb den Umfang der Geschäfte, das Unterhalten eines Büros, die Buchführung zur Gewinnermittlung, die umfangreiche Organisationsstruktur zur Durchführung der Geschäfte, die Bewerbung der Tätigkeit, das Anbieten der Dienstleistung/der Produkte einer breiteren Öffentlichkeit gegenüber an. Die Finanzverwaltung nimmt **regelmäßig** einen wirtschaftlichen Geschäftsbetrieb an, wenn das **Unternehmen mehr als 300 eigene Wohnungen** hält. Zu beachten ist hier jedoch, dass der BFH[6] diese Auffassung der Finanzverwaltung nicht teilt. Bislang wendet die Finanzverwaltung dieses Urteil des BFH über den entschiedenen Einzelfall hinaus nicht an.[7] Aufgrund der bestehenden Rechtsunsicherheit sollte das Vorliegen eines Wohnungsunternehmens mit einer **verbindlichen Auskunft** abgesichert werden.

Vor Begründung eines solchen Wohnungsunternehmens sollten auch die **ertrag- und grunderwerbsteuerlichen Folgen einer solchen Gründung** sorgfältig geprüft werden, weil das Wohnungsunternehmen voraussetzt, dass die Immobilien zum Betriebsvermögen gehören. Eine steuerfreie Veräußerung der Immobilien nach

[6] Vgl. BFH-Urteil vom 24.10.2017, II R 44/15, BStBl. II 2018, 358.

[7] Vgl. gleich lautender Ländererlass vom 23.04.2018, BStBl. I 2018, S. 692.

Ablauf der Spekulationsfrist wäre danach nicht mehr möglich. Zudem könnten für die Errichtung Übertragungen von Immobilien notwendig sein, die zu Steuerbelastungen führen könnte. Dies sollte vorab geprüft werden.

## 4.5 Übertragungen von Immobilien gegen Nießbrauch, Versorgungsleistung, (Teil-)Entgelt

Die nachfolgenden Darstellungen beziehen sich nur auf Immobilien, die zum Privatvermögen des Eigentümers gehören. Bei der Darstellung wird unterschieden, ob die Immobilie gegen Nießbrauchsvorbehalt, gegen Versorgungsleistung (wiederkehrende lebenslange Rente) oder gegen ein Teilentgelt übertragen wird. Dabei stellt auch die Übernahme von Verbindlichkeiten ein Entgelt dar.

### 4.5.1 Übertragungen unter Vorbehaltsnießbrauch

Immobilien werden typischerweise gegen Nießbrauch übertragen. Dies hat den Vorteil, dass die Einkünfte weiterhin dem bisherigen Eigentümer zustehen, das Eigentum jedoch schon übertragen wurde, jedoch die Bemessungsgrundlage für die Schenkungsteuer aufgrund des Nießbrauchs deutlich gesenkt wird. Auch bei der Übertragung von Anteilen an Immobiliengesellschaften kann ein Nießbrauch vereinbart werden.

**Beispiel**

A hat eine Immobilie, die vermietet ist. Wert der Immobilie ist 500.000 Euro. Da A aus den Einkünften auch seinen Lebensunterhalt bestreitet, möchte er diese gern auch weiterhin erzielen. Um den persönlichen Freibetrag i. S. d. § 16 ErbStG auszuschöpfen und ggf. mehrfach in Anspruch zu nehmen, möchte er die Immobilie schon jetzt auf seinen Sohn übertragen. Zur Absicherung seiner Versorgung behält er sich einen Nießbrauch zurück. Dies führt dazu, dass sich der Wert der Schenkung um den Wert des Nießbrauchs mindert, lediglich die Differenz wird der Besteuerung mit Schenkungsteuer zugrunde gelegt. Die Einkünfte aus der Vermietung erzielt weiterhin A, er muss sie auch versteuern. Endet der Nießbrauch durch Tod des Nießbrauchsberechtigten kommt es zu keiner Nachversteuerung. Etwas anderes würde nur gelten, wenn der Nießbrauch kurze Zeit nach der Schenkung durch Tod des Nießbrauchers endet. Gegebenenfalls kann mit einem Gutachten auch ein niedrigerer gemeiner Wert für das nießbrauchbelastete Grundstück nachgewiesen werden. Gelingt dies, wäre dieser für die Besteuerung heranzuziehen.

**Hinweis**

Der Nießbrauch stellt aus ertragsteuerlicher Sicht kein Entgelt dar, d. h. auch wenn ein Grundstück gegen Nießbrauch übertragen wird, liegt eine unentgeltliche Übertragung vor. Es erfolgt keine Aufspaltung in einen entgeltlichen und einen unentgeltlichen Teil der Übertragung. Etwas anderes gilt, wenn die Immobilie gegen Teilentgelt (z. B. anteiliger Kaufpreis, Übernahme einer Verbindlichkeit oder gegen eine Versorgungsleistung, monatliche Rente) übertragen wird. Darin ist ein Entgelt zu sehen. Daher kann eine solche Übertragung eine Besteuerung mit Einkommensteuer auslösen. Die Gestaltung der Gegenleistung sollte daher vorab genau geprüft werden.

Bei Vereinbarung eines solchen Nießbrauchs sollte auch besprochen werden, wer in Zukunft welche Ausgaben trägt. I. d. R. sehen die Verträge vor, dass der Nießbraucher alle laufenden Ausgaben trägt, der Nießbrauchbelastete dagegen alle außergewöhnlichen Ausgaben (z. B. Renovierungen, Erweiterungen). Aus steuerlicher Sicht kann es jedoch sinnvoll sein, wenn auch letztgenannte Ausgaben vom Nießbraucher getragen werden (insbesondere bei renovierungsbedürftigen Objekten). Zudem ist zu besprechen, über welchen Zeitraum ein solcher Nießbrauch vereinbart wird. Häufig werden lebenslange Nießbräuche vereinbart, hier sollte auch besprochen werden, welche Steuerfolgen aus einer vorzeitigen Beendigung eines solchen Nießbrauchs resultieren. Sollte unentgeltlich auf den Nießbrauch zu Lebzeiten verzichtet werden, würde wiederum eine Schenkung vorliegen, durch welche Schenkungsteuer ausgelöst werden könnte. Manchmal werden in der Praxis auch Nießbrauchsvereinbarungen auf das Leben mehrerer Personen abgeschlossen, indem z. B. vereinbart wird, dass der Nießbrauch zugunsten beider Eheleute besteht, bis der Längerlebende verstirbt. Auch hier sollten die Steuerfolgen bei Gewährung und bei Beendigung des Nießbrauchs sorgfältig geprüft werden. Natürlich ist auch eine Befristung der Nießbräuche oder die Vereinbarung einer auflösenden Bedingung möglich.

**Gestaltungshinweis**

Die Vereinbarung eines Nießbrauches ist eine beliebte Gestaltung, um die Bemessungsgrundlage der Schenkung zu verringern. Dabei sollte jedoch genau darauf geachtet werden, ob und in welcher Form ein Nießbrauch vereinbart wird. Denn der Verzicht auf einen bereits bestehenden Nießbrauch zu Lebzeiten würde selbst eine Schenkung darstellen. Ggf. kann die Vereinbarung eines zeitlich befristeten Nießbrauchs (z. B. bis die Kinder volljährig sind oder die Immobilie abgezahlt ist), eine sinnvolle Alternative sein.

### 4.5.2 Übertragungen gegen Versorgungsleistungen

Häufig werden Immobilien auch gegen wiederkehrende Leistungen übertragen. Das Steuerrecht kennt als Sonderform die sog. **Versorgungsleistungen**. Darunter werden wiederkehrende Leistungen verstanden, die – häufig im Rahmen einer vorweggenommenen Erbfolge –im Zusammenhang mit der Übertragung von Vermögen stehen und der Absicherung der Versorgung des Übertragenden dienen. Soweit diese die Voraussetzungen nach § 10 Abs. 1a Nr. 2 EStG erfüllen, gelten sie nicht als Entgelt. Vielmehr wird die Übertragung des Vermögens aus ertragsteuerlicher Sicht als unentgeltliche Übertragung behandelt. Unter § 10 Abs. 1a Nr. 2 EStG fallen jedoch nur die Übertragungen sog. Sachgesamtheiten, dazu gehören z. B. Anteile an originär gewerblich tätigen Personengesellschaften sowie in Sonderfällen auch Anteile an Kapitalgesellschaften, jedoch nicht Immobilien des Privatvermögens oder einzelne Wirtschaftsgüter des Betriebsvermögens. Erfolgt also die Übertragung einer Immobilie des Privatvermögens gegen eine wiederkehrende Leistung, die der Versorgung des Schenkers dient, kann diese wiederkehrende Leistung keine Versorgungsleistung i. S. d. § 10 Abs. 1a Nr. 2 EStG sein und stellt damit stets ein Entgelt für die Übertragung dar. Die Übertragung der Immobilie erfolgt damit jedenfalls teilentgeltlich; sofern der Wert der wiederkehrenden Leistung dem Verkehrswert der Immobilie entspricht, sogar entgeltlich. Daraus folgt, dass aus der Übertragung entsprechende Steuerfolgen resultieren. Diese sollten vorab geprüft werden. Gegebenenfalls ist eine Übertragung gegen Nießbrauch vorteilhafter.

**Beispiel**

A hat eine Immobilie, die vermietet ist. Wert der Immobilie ist 500.000 Euro. Um den persönlichen Freibetrag i. S. d. § 16 ErbStG auszuschöpfen und ggf. mehrfach in Anspruch zu nehmen, möchte er die Immobilie schon auf seinen Sohn übertragen. Da A aus den Einkünften auch seinen Lebensunterhalt bestreitet, vereinbart er mit seinem Sohn die Zahlung einer lebenslangen monatlichen Rente. Dies führt dazu, dass sich der Wert der Schenkung um den Wert der lebenslangen Rente mindert, lediglich die Differenzen wird der Besteuerung mit Schenkungsteuer zugrunde gelegt. Da die Rente aus ertragsteuerlicher Sicht jedoch ein Entgelt darstellt, veräußert A die Immobilie jedenfalls anteilig an seinen Sohn. Entspricht der Kapitalwert der Rente nicht dem Verkehrswert der Immobilie, liegt eine teilentgeltliche Übertragung vor. Die Immobilie wird dann zum Teil unentgeltlich und zum Teil entgeltlich übertragen. Je nachdem, wann A die Immobilie angeschafft hat, kann durch den entgeltlichen Teil der Übertragung insoweit ein privates Veräußerungsgeschäft ausgelöst worden sein. Daraus kann eine Besteuerung mit Einkommensteuer resultieren. Hinsichtlich des unentgeltlichen Teils der Übertragung tritt der Sohn in die Fußstapfen seines Vaters ein. Er führt insbesondere dessen (anteilige) Anschaffungskosten fort. Soweit aus der Immobilie weiterhin Einkünfte erzielt werden, sind diese nun dem Beschenkten zuzurechnen. Er hat diese auch zu versteuern.

**Beispiel**

A ist an der originär gewerblich tätigen B GmbH & Co. KG beteiligt. Diese Beteiligung möchte er gegen eine lebenslange Versorgungsleistung übertragen. Soweit diese unter den Voraussetzungen des § 10 Abs. 1a Nr. 2 EStG erfolgt, liegt aus ertragsteuerlicher Sicht eine unentgeltliche Übertragung vor. Dann ist ein Sonderausgabenabzug für die Versorgungsleistungen möglich.

### 4.5.3 Übertragungen gegen Teilentgelt

Die unter *Kapitel 4.5.2* dargestellten Grundsätze gelten auch dann, wenn eine Immobilie gegen Teilentgelt übertragen wird. Eine solche Übertragung liegt vor, wenn die Immobilie übertragen wird, das vereinbarte Entgelt jedoch bewusst den Verkehrswert der übertragenen Immobilie unterschreitet. Die Gründe für die Vereinbarungen von Entgelten für die Übertragung des Vermögens können vielfältig sein: Schaffung von Abschreibungspotential, Verhinderung von Schenkungsteuer durch die Senkung der Bemessungsgrundlage, Gleichstellungsgelder an erbberechtigte Personen, Sicherstellung der Versorgung, Übernahme von Verbindlichkeiten.

**Beispiel**

A hat eine Immobilie, die vermietet ist. Wert der Immobilie ist 500.000 Euro. Auf der Immobilie lastet noch ein Kredit von 100.000 Euro. Um den persönlichen Freibetrag i. S. d. § 16 ErbStG auszuschöpfen und ggf. mehrfach in Anspruch zu nehmen, möchte sie die Immobilie schon auf ihre Tochter übertragen. Da die Immobilie noch mit einem Kredit belastet ist, vereinbart A mit ihrer Tochter, dass diese das Darlehen übernimmt. Damit liegt aus ertragsteuerlicher Sicht eine teilentgeltliche Übertragung vor, da das vereinbarte Entgelt (hier die Übernahme des Kredits) den Verkehrswert der Immobilie deutlich unterschreitet. Die Aufteilung in eine entgeltliche und eine unentgeltliche Übertragung erfolgt nach dem Verhältnis zwischen Gegenleistung und Wert der Immobilie. Danach wird die Immobilie zu 1/5 unentgeltlich, darüber hinaus entgeltlich übertragen. Dementsprechend richten sich die Steuerfolgen. Die entgeltliche Übertragung kann zu einem privaten Veräußerungsgeschäft führen. Bei der Schenkungsteuer mindert der Wert der Gegenleistung die Bereicherung des Beschenkten. Damit hat die Schenkung einen Wert von 400.000 Euro. Soweit der persönliche Freibetrag noch nicht verbraucht wurde, kann dieser in Anspruch genommen werden. Es würde keine Schenkungsteuer entstehen.

## 4.6 Gewerblicher Grundstückshandel als Chance und Risiko

Aus schenkung- bzw. erbschaftsteuerlicher Sicht bietet der sog. gewerbliche Grundstückshandel eine Chance, weil die Immobilien dann zum Betriebsvermögen gehören, also eine Steuerbegünstigung nach §§ 13a, 13b ErbStG in Betracht kommt. Jedoch sind die ertragsteuerlichen Auswirkungen, die durch die Begründung eines gewerblichen Grundstückshandels entstehen können, als Gefahr zu berücksichtigen.

Ein **gewerblicher Grundstückshandel** liegt vor, wenn der An- und Verkauf von Grundstücken dazu führt, dass die Umschichtung von Vermögen in den Vordergrund der Tätigkeit eines Unternehmens tritt und damit der Bereich der Vermögensverwaltung überschritten wird. Die Beurteilung, ob die Grenze der Vermögensverwaltung in diesen Fällen überschritten wird, erfolgt unter Berücksichtigung des Gesamtbildes der Verhältnisse und der allgemeinen Verkehrsanschauung. Nach ständiger Rechtsprechung des Bundesfinanzhofs kommt es grundsätzlich zu einem Überschreiten der privaten Vermögensverwaltung, wenn innerhalb eines Fünfjahreszeitraums mehr als drei Objekte veräußert werden (sog. Drei-Objekt-Grenze). Eine starre Bedeutung hat diese zeitliche Grenze allerdings nicht.

In die Betrachtung der **Drei-Objekt-Grenze** sind ausschließlich sog. Zählobjekte einzubeziehen. Als Zählobjekte gelten Objekte, bei denen ein enger zeitlicher Zusammenhang zwischen ihrem Erwerb bzw. ihrer Herstellung oder Modernisierung und ihrer Veräußerung besteht. Als enger zeitlicher Zusammenhang wird ebenfalls ein Zeitraum von fünf Jahren angesehen. Der zeitliche Zusammenhang muss also zwischen Erwerb bzw. Errichtung und Veräußerung des einzelnen Objektes als auch zwischen den Veräußerungen bestehen. Nicht zu den Zählobjekten gehören im Regelfall bebaute Grundstücke, die mindestens für fünf Jahre zu eigenen Wohnzwecken genutzt oder mindestens zehn Jahre vermietet wurden, oder durch gesetzliche Erbfolge übergegangen sind oder auch Grundstücke, mit deren Weitergabe kein Gewinn erzielt werden soll (z. B. bei Schenkung an Angehörige). In die Drei-Objekt-Grenze einzubeziehen sind zudem Beteiligungen an Grundstückspersonengesellschaften. Dies gilt nach Auffassung der Finanzverwaltung allerdings nur, wenn die Beteiligung an der Gesellschaft mindestens 10 % umfasst oder einen Verkehrswert von mehr als 250.000 Euro hat.

Ist dies der Fall, können sowohl die Veräußerung von Grundstücken durch die Personengesellschaft als auch die Veräußerung des Personengesellschaftsanteils selbst Zählobjekte auslösen.

Eine Vermögensumschichtung und damit ein gewerblicher Grundstückshandel liegen regelmäßig bei Überschreiten der sog. Drei-Objekt-Grenze vor. Auch der Verkauf eines Grundstückes kann bereits zu einem Überschreiten der privaten Vermögensverwaltung führen. Der Bundesfinanzhof sieht die Voraussetzungen des gewerblichen Grundstückshandels immer dann als erfüllt an, wenn die Veräußerungsabsicht bereits mit Erwerb des Grundstückes besteht. So zum Beispiel, wenn hauptberuflich eine Bautätigkeit vorliegt, wobei ein Grundstück von vornherein auf Rechnung und nach den Wünschen des Erwerbers bebaut wird oder bereits während der Bebauung des Grundstückes ein Makler mit der Veräußerung beauftragt wird.

Sind die Voraussetzungen für das Vorliegen eines gewerblichen Grundstückshandels erfüllt, werden sämtliche Zählobjekte **dem Betriebsvermögen des gewerblichen Grundstückshandels** zugerechnet. Aus erbschaftsteuerlicher Sicht bietet das den Vorteil, dass es sich bei dem gewerblichen Grundstückshandel um begünstigungsfähiges Betriebsvermögen handelt, welches grundsätzlich unter den Anwendungsbereich der Steuerbefreiungsvorschriften nach §§ 13a und 13b ErbStG fällt. Zu berücksichtigen ist in diesem Zusammenhang jedoch, dass die Steuerfreiheit nur Anwendung findet, soweit die Grundstücke nicht vermietet werden. Andernfalls handelt es sich bei den Grundstücken, die Dritten zur Nutzung überlassen werden, um nicht begünstigtes Verwaltungsvermögen. Eine Projektgesellschaft beispielsweise, die Mehrfamilienhäuser errichtet und anschließend direkt veräußert, würde danach grundsätzlich unter die Steuerbefreiung fallen. Werden die Mehrfamilienhäuser, die dem gewerblichen Grundstückshandel der Projektgesellschaft zuzuordnen sind, jedoch vorerst vermietet, stellen diese Objekte bei unentgeltlicher Übertragung des gewerblichen Grundstückshandels Verwaltungsvermögen dar, das grundsätzlich nicht unter die genannte Steuerbefreiung fällt, soweit die sog, Schmutzgrenze überschritten wird.

Mit der Begründung eines gewerblichen Grundstückshandels sind ertragsteuerliche Konsequenzen verbunden. So gehören die Grundstücke nicht mehr zum steuerlichen Privatvermögen, sondern zum Betriebsvermögen. Eine steuerfreie Veräußerung der Immobilie ist daher nicht mehr möglich.

**Beispiel**

A hat einige Immobilien, die zu seinem Privatvermögen gehören. Nunmehr entschließt er sich die Immobilien zu verkaufen. Er begründet einen gewerblichen Grundstückshandel. Die Immobilien, die zur Veräußerung bestimmt sind, gehören zu seinem Betriebsvermögen. Soweit diese Immobilien nicht vermietet sind, kommt bei Schenkung/Vererbung dieser Immobilien eine Steuerbefreiung nach §§ 13a, 13b ErbStG in Betracht.

## 4.7 Entgeltliche Übertragung von Immobilien des Privatvermögens als Alternative?

Werden Grundstücke unentgeltlich übertragen, tritt der Erwerber aus steuerlicher Sicht in die Fußstapfen des Schenkers ein. Dies bedeutet, dass die für den Schenker maßgebenden Anschaffungskosten und der maßgebende Anschaffungszeitpunkt auf den Erwerber übergehen.

**Beispiel**

A hat vor Jahren eine Immobilie angeschafft, die vermietet wird. Die Anschaffungskosten sind daher fast abgeschrieben. Inzwischen hat die Immobilie einen beachtlichen Wert. Im Falle einer Schenkung tritt der Beschenkte steuerlich in die Fußstapfen des bisherigen Eigentümers. Er führt insbesondere die Abschreibung fort.

Demnach wird durch die unentgeltliche Übertragung kein neues Abschreibungsvolumen generiert. Hinzu kommt, dass die unentgeltliche Übertragung von Grundstücken grundsätzlich Schenkungsteuer auslöst, wenn keine der Steuerbefreiungen nach §§ 13 ff. ErbStG Anwendung finden, soweit die persönlichen Freibeträge überschritten werden. Daher ist im Einzelfall zu überlegen, ob eine Veräußerung ggf. in Zusammenhang mit einer Darlehensgewährung günstiger sein kann als eine unentgeltliche Übertragung.

**Beispiel**

Aufgrund der schenkungsteuerlichen Folgen einer Schenkung des Grundstücks und der fast vollständigen Abschreibung der ursprünglichen Anschaffungskosten des Gebäudes überlegt A, das Gebäude nicht zu verschenken, sondern an sein Kind zu verkaufen.

Sofern ein Grundstück seit mehr als zehn Jahren im Privatvermögen gehalten wird, wird durch die Veräußerung keine Einkommensbesteuerung ausgelöst, da in diesem Fall kein privates Veräußerungsgeschäft vorliegt. Zudem wird durch die Anschaffung auf Ebene des Erwerbers neues Abschreibungsvolumen generiert. Sofern die Veräußerung des Grundstücks in Zusammenhang mit einer Darlehensgewährung erfolgt, müsste der Kaufpreis vorerst nicht gezahlt werden. Auf das Darlehen könnte der Veräußerer nach und nach verzichten und somit etappenweise Schenkungen auslösen, um die persönlichen Freibeträge alle zehn Jahre bestmöglich ausnutzen zu können. Für die Darlehensgewährung sollte ein fremdüblicher Zinssatz vereinbart werden, da andernfalls in der Unverzinslichkeit eine Schenkung gesehen wird. Vorteil der Verzinslichkeit ist zudem, dass durch die Zinsen, die der Erwerber dem Veräußerer für die Darlehensgewährung zahlt, eine Versorgung des Veräußerers sichergestellt werden kann.

**Beispiel**

A verkauft seinem Kind das Grundstück. Der Kaufpreis wird gestundet. Die Zinsen werden fremdüblich vereinbart. In Höhe des Kaufpreises für das Gebäude hat das Kind Anschaffungskosten, die nun als Grundlage für die Abschreibung herangezogen werden. Damit wird Abschreibungspotential generiert. Sofern A wünscht, könnte er sukzessive auf das Darlehen verzichten. Durch den Verzicht wird eine Schenkung ausgelöst.

## 4.8 Erst schenken, dann verkaufen?

Eine Möglichkeit, um Zählobjekte im Sinne des gewerblichen Grundstückshandels zu vermeiden, besteht darin, Grundstücke, die man beabsichtigt zu veräußern, unentgeltlich zu übertragen und durch den Erwerber veräußern zu lassen. Die unentgeltliche Übertragung durch den Schenker löst keinen Zählererwerb im Sinne des gewerblichen Grundstückshandels aus. Ein Zählobjekt wird in diesem Fall lediglich durch den Veräußernden ausgelöst. Der BFH hat für den Fall, dass ein Grundstück unentgeltlich auf die Kinder übertragen wird und diese das Grundstück an den Erwerber veräußern, bestätigt, dass ein Missbrauch rechtlicher Gestaltungsmöglichkeiten grundsätzlich nicht vorliegt.[8]

Hat ein Vater beispielsweise in den letzten drei Jahren bereits drei Zählobjekte veräußert und beabsichtigt nun die Veräußerung eines weiteren Zählobjektes, würde diese Veräußerung dazu führen, dass ein gewerblicher Grundstückshandel ausgelöst wird und sämtliche Grundstücke diesem zuzurechnen wären. Überträgt er das Grundstück nun jedoch unentgeltlich auf seine Tochter, würde bei ihm kein weiterer Zählerwerb ausgelöst werden. Stattdessen würde bei Veräußerung durch die Tochter bei dieser ein Zählerwerb ausgelöst. Sofern die Tochter bisher keine weiteren Zählerwerbe verwirklicht hat, wäre dies jedoch unschädlich. Weiterer Vorteil kann sein, dass die Einkommensteuerbelastung der Tochter niedriger ist als die bei dem Vater. Das wäre insbesondere dann der Fall, wenn die Tochter selbst noch keine eigenen Einkünfte erzielt. Nachteilig ist jedoch, dass neben der Einkommensteuerbelastung bei der Tochter auch Schenkungsteuer durch die unentgeltliche Übertra-

[8] BFH-Urteil vom 23.04.2021, IX R 8/20, BStBl. II 2021, 743.

gung ausgelöst wird, sofern die persönlichen Freibeträge überschritten werden. Dafür realisiert sie jedoch den Veräußerungserlös. Daher ist im Einzelfall zu überprüfen, inwieweit diese Vorgehensweise sinnvoll ist.

## 4.9 Die Immobilien-GmbH als Alternative?

Eine weitere Möglichkeit zur Steuergestaltung ist die **„Immobilien-GmbH"**. Neben erbschaft- und schenkungsteuerlichen Gründen können dafür bereits ertragsteuerliche Aspekte sprechen. Zu denken ist hier an die Abschirmwirkung im Rahmen eines gewerblichen Grundstückshandels, als vermögensverwaltende Gesellschaft bei Inanspruchnahme der erweiterten Kürzung i. S. d. § 9 Nr. 1 Satz 2 ff. GewStG im Rahmen der Gewerbesteuer, aber auch ihr Einsatz im Rahmen von Holdingstrukturen. So könnte diese z. B. auch als Wohnungsunternehmen ausgestaltet werden oder bei Vorliegen eines gewerblichen Grundstückshandels die Steuerbefreiung für betriebliches Vermögen in Anspruch genommen werden. Dies gilt für eine gewerbliche Immobilien-KG entsprechend. Zudem können die Anteile an diesen Unternehmen auch gegen Nießbrauchsvorbehalt, ggf. gegen Versorgungsleistungen übertragen werden.

## 4.10 Besonderheiten bei Betriebsaufspaltungen

Eine Möglichkeit, Grundstücke erbschaftsteuerfrei zu übertragen, ist die Übertragung im Rahmen einer Betriebsaufspaltung. Diese liegt vor, wenn ein einheitliches Unternehmen in zwei oder mehrere selbstständige Unternehmen aufgeteilt wird. Voraussetzung für das Vorliegen einer Betriebsaufspaltung ist, dass die Unternehmen sowohl personell als auch sachlich miteinander verflochten sind. Die sachliche Verflechtung wird dadurch begründet, dass ein Unternehmen, das sog. Besitzunternehmen, eine wesentliche Betriebsgrundlage an eine gewerblich tätige Personen- oder Kapitalgesellschaft, das sog. Betriebsunternehmen, zur Nutzung überlässt. Eine personelle Verflechtung ist dann anzunehmen, wenn eine Person oder mehrere Personen zusammen sowohl das Besitzunternehmen als auch das Betriebsunternehmen in der Weise beherrschen, dass sie in der Lage sind, in beiden

Unternehmen einen einheitlichen geschäftlichen Betätigungswillen durchzusetzen. Der klassische Fall der Betriebsaufspaltung ist, dass eine natürliche Person an einer GmbH zu 100 % beteiligt ist und dieser ein Grundstück entgeltlich überlässt.

Sind Besitz- und Betriebsunternehmen derart miteinander verflochten, dass eine Betriebsaufspaltung anzunehmen ist, hat das zur Folge, dass sich die Gewerblichkeit des Betriebsunternehmens auf das Besitzunternehmen überträgt. Dies bedeutet, dass sowohl die wesentlichen Betriebsgrundlagen, die an das Betriebsunternehmen überlassen werden, als auch die Beteiligung an dem Betriebsunternehmen dem Betriebsvermögen des Besitzunternehmens zuzurechnen sind. Aus der Überlassung der wesentlichen Betriebsgrundlagen werden dementsprechend gewerbliche Einkünfte erzielt. Aus erbschaftsteuerlicher Sicht bietet die Betriebsaufspaltung den Vorteil, dass unter bestimmten Voraussetzungen eine erbschaftsteuerfreie Übertragung des Grundstücks möglich ist. Dadurch, dass durch die Begründung der Betriebsaufspaltung ein Betriebsvermögen beim Besitzunternehmen begründet wird, handelt es sich bei dem Besitzunternehmen um begünstigungsfähiges Vermögen, welches grundsätzlich unter den Anwendungsbereich der Erbschaftsteuerbefreiung für Betriebsvermögen nach §§ 13a und 13b ErbStG fällt.

Begünstigungsfähiges Vermögen ist jedoch nur begünstigt, soweit es sich dabei nicht um Verwaltungsvermögen handelt. Dritten zur Nutzung überlassene Grundstücke stellen in der Regel Verwaltungsvermögen dar, welches von der Erbschaftsteuerbefreiung grundsätzlich nicht begünstigt wird. Eine Ausnahme gilt jedoch für Grundstücke, die im Rahmen der Betriebsaufspaltung überlassen werden. Diese stellen kein Verwaltungsvermögen dar, wenn der Erblasser oder Schenker sowohl im überlassenen Betrieb als auch im nutzenden Betrieb einen einheitlichen geschäftlichen Betätigungswillen durchsetzen kann und diese Rechtsstellung auf den Erwerber übergeht. Ist das der Fall, handelt es sich bei dem überlassenen Grundstück um kein Verwaltungsvermögen, weshalb es sich um begünstigtes Vermögen handelt, welches erbschaftsteuerfrei übertragen werden kann. Allerdings ist darauf zu achten, dass sowohl das Besitzunternehmen als auch das Betriebsunternehmen auf den Erwerber übergehen und auch bei diesem anschließend eine Betriebsaufspaltung vorliegt, also er in den beiden Unternehmen einen einheitlichen geschäftlichen Betätigungswillen durchsetzen kann. Andernfalls besteht das Risiko, dass es durch eine Übertragung zu einer Beeindigung der Betriebsaufspaltung kommt. Das wäre beispielsweise der Fall, wenn nur das Betriebsunternehmen oder nur das Besitzunternehmen übertragen wird. Würde in dem o. g. Beispiel nur das Grundstück auf den Erwerber übertragen und die 100 %ige Beteiligung an der GmbH vom Erblasser oder Schenker zurückbehalten werden, würde das eine Beendigung der Betriebsaufspaltung verursachen.

Die Beendigung der Betriebsaufspaltung führt zu einer Betriebsaufgabe des Besitzunternehmens, was aus ertragsteuerlicher Sicht zu einer Aufdeckung und Versteuerung sämtlicher stiller Reserven führt. Da die Betriebsaufspaltung in diesem Fall nicht auf den Erwerber mitübergeht, handelt es sich bei der Übertragung des Grundstücks zudem um kein begünstigtes Vermögen, was zur Folge hat, dass die Übertragung des Grundstücks keiner erbschaftsteuerlichen Begünstigung unterliegt.

**Beispiel**

A ist alleinige Gesellschafterin einer GmbH. Dieser überlässt sie ein Grundstück, welches die GmbH betrieblich nutzt. Durch die Nutzungsüberlassung wird eine Betriebsaufspaltung begründet, das Grundstück gehört zum Betriebsvermögen des Besitzunternehmens, die Kapitalgesellschaft wäre das Betriebsunternehmen. Somit ist eine erbschaftsteuerliche begünstigte Übertragung des Grundstückes möglich. Voraussetzung ist jedoch, dass die Betriebsaufspaltung bestehen bleibt. Diese Voraussetzung wäre beispielsweise erfüllt, wenn sie sowohl die Beteiligung als auch das Grundstück an ihren Sohn überträgt. Würde sie hingegen das Grundstück an ihren Ehemann, die Beteiligung an ihren Sohn übertragen, würde die Betriebsaufspaltung beendet. Das Grundstück und die Beteiligung an der Kapitalgesellschaft würden aus dem Betriebsvermögen entnommen, die stillen Reserven wären aufzudecken. Aus schenkungsteuerlicher Sicht wäre nur die Übertragung der Beteiligung an der GmbH, nicht aber die Übertragung des Grundstückes begünstigt.